वायरमैन प्रथम वर्ष हिन्दी MCQ

मनोज डोळे

Made with ♥ on the Notion Press Platform
www.notionpress.com

डिजिटाइजेशन समय की मांग है। भविष्य में, प्रशिक्षण को अधिक सुविधाजनक और आसान बनाने के लिए ऑनलाइन इंटरनेट का उपयोग करके औद्योगिक प्रशिक्षण संस्थानों में प्रशिक्षण आयोजित करने की आवश्यकता होगी। एमसीक्यू प्रश्नों के एक सेट वाली ई-पुस्तकें प्रशिक्षुओं को उपलब्ध कराई जाएंगी क्योंकि उन्हें अपने औद्योगिक प्रशिक्षण संस्थानों में होने वाली ऑनलाइन परीक्षाओं की तैयारी के लिए बहुविकल्पीय प्रश्नों एमसीक्यू के अधिक आदी होने की आवश्यकता है।

इन सब बातों को ध्यान में रखते हुए औद्योगिक प्रशिक्षण संस्थान सतारा के प्रशिक्षक श्री मनोज मधुकर डोले ने नई वार्षिक प्रणाली और एनएसक्यूएफ-5 पाठ्यक्रम के अनुसार पुस्तकें लिखी हैं। और उन्होंने प्रशिक्षण को आसान बनाने के लिए सैद्धांतिक मोबाइल ऐप और ब्लॉग बनाए हैं, और इन सभी शैक्षिक सामग्री को विश्व प्रसिद्ध वेबसाइटों Google Play Store, Amazon और Apple Book Store पर डाउनलोड के लिए उपलब्ध कराया है।

पुस्तकों का प्रकाशन माननीय सहसंचालक श्री राजेंद्र घुमे साहेब प्रादेशिक व्यावसायिक शिक्षण व प्रशिक्षण कार्यालय, पुणे द्वारा दिनांक 9/1/2019 को किया गया, इस समय श्री प्रकाश सहगवकर साहब प्राचार्य शासकीय औद्योगिक प्रशिक्षण संस्थान औंध पुणे, श्री तुकाराम मिसाल साहेब प्राचार्य सरकार प्र. संस्था सतारा, श्री सचिन धूमल साहब जिला व्यावसायिक शिक्षा एवं प्रशिक्षण अधिकारी सतारा, श्री यतिन परगांवकर साहब प्राचार्य शासन. Q. संस्था कोल्हापुर, श्री विकास टेक साहब इंस्पेक्टर वोकेशनल एजुकेशन एंड ट्रेनिंग रीजनल ऑफिस पुणे, पालेकर फूड्स प्रोडक्ट्स प्रा. लि. सतारा के उद्यमी अध्यक्ष श्री नीलकंठराव पालेकर साहब, हीरा फूड्स के अध्यक्ष श्री इब्राहिम बाबा तंबोली साहब, श्रीमती शाल्मली पवार मुख्याध्यापिका शासकीय तकनीकी विद्यालय केंद्र सतारा सहित अन्य गणमान्य व्यक्ति इस अवसर पर उपस्थित थे।

क्रम-सूची

प्रस्तावना

वायरमैन प्रथम वर्ष हिंन्दी MCQआईटीआई इंजीनियरिंग कोर्स वायरमैन फर्स्ट ईयर, में एनएसक्यूएफ सिलेबस के लिए एक सरल पुस्तक है , इसमें रेखांकित और बोल्ड सही उत्तरों के साथ वस्तुनिष्ठ प्रश्न शामिल हैं, जिसमें सुरक्षा और पर्यावरण, अग्निशामक यंत्रों के उपयोग, कृत्रिम सहित सभी विषयों को शामिल किया गया है। शुरू करने के लिए श्वसन पुनर्जीवन। उन्हें सोल्डरिंग के साथ अनुप्रयोगों के लिए उपयुक्त सिंगल और मल्टी स्टैंड कंडक्टरों के लिए अच्छी गुणवत्ता वाले विद्युत तार जोड़ों की योजना बनाने और तैयार करने और उपयुक्त देखभाल और सुरक्षा का विचार मिलता है। प्रशिक्षु एमीटर, वोल्टमीटर, ओम-मीटर, वाट-मीटर, ऊर्जा मीटर, शक्ति का उपयोग करके वोल्टेज, करंट, प्रतिरोध, शक्ति, शक्ति कारक और ऊर्जा के सटीक माप के साथ आरएलसी सर्किट सहित डीसी और एसी सर्किट बनाने और स्थापित करने में सक्षम होंगे। उचित देखभाल और सुरक्षा के साथ फैक्टर मीटर और फेज सीक्वेंस टेस्टर, योजना, ड्रॉ, अनुमान सामग्री, वायर अप और भारतीय बिजली नियमों के अनुसार विभिन्न प्रकार के घरेलू वायरिंग सर्किट का परीक्षण और गुणवत्ता, निर्माण और एमसीबी और ईएलसीबी के कामकाज का ध्यान रखना। मेगर का उपयोग करके घरेलू तारों की स्थापना का परीक्षण करें। प्रशिक्षु बैटरी के प्रकार, निर्माण, काम करने और नी-कैडमियम, लिथियम सेल, लेड एसिड सेल आदि के अनुप्रयोग की पहचान करेगा। उनकी चार्जिंग और डिस्चार्जिंग का प्रदर्शन, उचित विधि का चयन करना और उचित देखभाल और सुरक्षा के साथ स्थापना और नियमित रखरखाव करना। वह स्वतंत्र रूप से विभिन्न घटकों का उपयोग करके फाइलिंग, ड्रिलिंग और रिवेटिंग, फिटिंग और असेंबल के लिए घटकों को चिह्नित करने, पाइप और प्लेट अर्थिंग की योजना बनाने और स्थापित करने के बुनियादी कार्यों को करने की योजना और चयन करेगा। अर्थ टेस्टर द्वारा पृथ्वी प्रतिरोध को मापें, उपयुक्त उपकरण के साथ विद्युत / इलेक्ट्रॉनिक माप का चयन करें और प्रदर्शन करें। उसे विद्युत रोशनी प्रणाली की योजना बनानी चाहिए और उसे क्रियान्वित करना चाहिए । एफएल ट्यूब, एचपीएमवी लैंप, एचपीएसवी लैंप, हैलोजन और मेटल हैलाइड लैंप, सीएफएल, एलईडी लैंप आदि, भारतीय बिजली नियमों के अनुसार विभिन्न प्रकार के औद्योगिक वायरिंग सर्किट की योजना, ड्रॉ, अनुमान सामग्री, वायर अप और परीक्षण और गुणवत्ता का ध्यान रखते हुए। वह भारतीय बिजली नियमों के अनुसार विभिन्न प्रकार के वाणिज्यिक और कंप्यूटर नेटवर्किंग वायरिंग सर्किट की योजना बनाने, आकर्षित करने, अनुमान लगाने, वायर अप करने और परीक्षण करने और गुणवत्ता का ध्यान रखने और बहुत कुछ करने में सक्षम होंगे।

हम प्रत्येक नए संस्करण के साथ नए प्रश्न उत्तर जोड़ते हैं। किसी भी त्रुटि/चूक के मामले में कृपया हमें ईमेल करें। यह यकीनन सभी इंजीनियरिंग बहुविकल्पीय प्रश्नों और उत्तरों के लिए सबसे बड़ी और सर्वश्रेष्ठ पुस्तक है।

एक छात्र के रूप में आप इसे अपनी परीक्षा की तैयारी के लिए उपयोग कर सकते हैं। यह ई-पुस्तक प्रोफेसरों के लिए सामग्री को ताज़ा करने के लिए भी उपयोगी है।

भूमिका

डीजीईटी नई दिल्ली और सीएसटीएआरआई कोलकाता अगस्त 2018 सत्र से आईटीआई में सभी व्यवसायों के लिए एक वार्षिक पैटर्न लागू कर रहे हैं। परीक्षा प्रणाली में भी बदलाव किया जाएगा और यह इस साल से ऑनलाइन हो जाएगी और चूंकि सभी प्रश्न वस्तुनिष्ठ प्रकार (एमसीक्यू) के हैं, इसलिए प्रशिक्षुओं को गहन अध्ययन की सख्त जरूरत है। इसे ध्यान में रखते हुए हमें पुराने NIMI पैटर्न पर आधारित पुस्तकें और नए वार्षिक पैटर्न का संपूर्ण अवलोकन प्रस्तुत करते हुए प्रसन्नता हो रही है, और हम आशा करते हैं कि ये पुस्तकें सभी व्यावसायिक निदेशकों और प्रशिक्षुओं के लिए एक मार्गदर्शक होंगी। है।

इन पुस्तकों को लिखने के लिए आईटीआई अकलुज के प्राचार्य जोहर अवाटे साहब ने कहा। आईटीआई सतारा सहगवकर साहब के पूर्व प्राचार्य, सहायक निदेशक श्री चंद्रकांत ढेकने साहेब क्षेत्रीय व्यावसायिक शिक्षा एवं प्रशिक्षण कार्यालय, पुणे, जिला व्यावसायिक शिक्षा एवं प्रशिक्षण अधिकारी सचिन धूमल साहेब एवं प्रधानाध्यापक शासकीय तकनीकी विद्यालय केन्द्र शाल्मली पवार मैडम एवं पुत्र अधिराज डोले, माता कुसुम डोले , मैं अपने पिता मधुकर डोले और पत्नी अश्विनी डोले को समय-समय पर उनके विशेष मार्गदर्शन और सहयोग के लिए बहुत आभारी हूं।

साथ ही, बहुत ही कम समय में श्री राजेन्द्र घुमे साहेब, संयुक्त निदेशक, व्यावसायिक शिक्षा और प्रशिक्षण क्षेत्रीय कार्यालय, पुणे द्वारा पुस्तक के प्रकाशन में उनके अमूल्य समय के लिए पुस्तक की समीक्षा की गई। मैं उनकी प्रतिक्रिया के लिए हृदय से आभारी हूँ।

पुस्तक लिखने की शुरुआत से ही निरंतर समर्थन के लिए मैं आईटीआई सतारा के प्रशिक्षक का आभारी हूं।

इस पुस्तक से, मैं खुद को धन्य मानता हूं कि मैंने आपके साथ ई-लर्निंग पर अपने विचार साझा किए। मैं यह दावा नहीं करूंगा कि यह पुस्तक पूर्ण है, क्योंकि पूर्णता को देखते हुए यह पुस्तक एक प्रयास है और अपनी शैशवावस्था में है। यदि उनका परीक्षण और सुझाव दिया जाए तो वे सुधार के लिए मूल्यवान होंगे।

मनोज डोले

दिनांक 9/1/2019

पावती (स्वीकृति)

21वीं सदी में औद्योगिक क्षेत्र में तेजी से बढ़ती मांग के अनुरूप बहु-कुशल कारीगरों की आपूर्ति के लिए व्यावसायिक शिक्षा और प्रशिक्षण विभाग के माध्यम से व्यावसायिक शिक्षा और प्रशिक्षण विभाग के माध्यम से व्यावसायिक शिक्षा और प्रशिक्षण प्रदान किया जाता है। संस्थानों के भीतर सभी व्यवसाय महत्वपूर्ण हैं, क्योंकि इन व्यवसायों के प्रशिक्षु उद्योग की मांगों के अनुसार बहु-कौशल विकसित करते हैं।

सभी व्यवसायों के लिए उपयुक्त एमसीक्यू ई-पुस्तकें उपलब्ध कराने के नेक इरादे से, यह देखते हुए कि औद्योगिक क्षेत्र के सभी उद्योगों में सभी परीक्षाएं ऑनलाइन आयोजित की जाती हैं और इसमें एमसीक्यू पद्धति के प्रश्न शामिल होते हैं। श्री मनोज मधुकर डोले ने नए वार्षिक पाठ्यक्रम के अनुसार एमसीक्यू पद्धति पर एक बहुत अच्छी ई-बुक लिखी है। यह ई-पुस्तक निश्चित रूप से सभी प्रशिक्षुओं, प्रशिक्षु उम्मीदवारों, प्रशिक्षण प्रशिक्षकों और अन्य संबंधितों के लिए एक मार्गदर्शक होगी।

पुस्तक के लेखक श्री मनोज मधुकर डोले, इंस्ट्रक्टर गॉव आईटीआई सतारा को 17 साल का प्रशिक्षण अनुभव है। एक नए वार्षिक पैटर्न के रूप में लिखी गई, यह ई-बुक प्रत्येक विषय के लिए लेआउट, सरल भाषा और सरल सिंटैक्स, आरेख और वीडियो को समझने के लिए आधुनिक डिजिटल क्यूआर कोड तकनीक को शामिल करती है। इसलिए मुझे विश्वास है कि यह ई-पुस्तक निश्चित रूप से गहन अध्ययन और परीक्षा अभ्यास के लिए उपयोगी होगी। उन्होंने जो कार्य किया है वह निश्चित रूप से काबिले तारीफ है।

श्री तुकाराम मिसाल

प्राचार्य शासकीय औद्योगिक प्रशिक्षण संस्था सातारा.

आमुख

हमारे औद्योगिक प्रशिक्षण संस्थानों की औद्योगिक प्रशिक्षण और सैद्धांतिक परीक्षा प्रणाली और इन परिवर्तनों को शिल्प प्रशिक्षकों और प्रशिक्षुओं द्वारा स्वीकार किया गया है। आपके औद्योगिक प्रशिक्षण संस्थानों में आयोजित सैद्धांतिक परीक्षाएं भी ऑनलाइन आयोजित की जाती हैं। चूंकि ये परीक्षाएं बहुविकल्पीय एमसीक्यू पद्धति की हैं, इसलिए प्रशिक्षुओं को ऐसे प्रश्नों का अधिक अभ्यास करने की आवश्यकता होगी।

इन सब बातों को ध्यान में रखते हुए श्री मनोज मधुकर, निदेशक, डोले क्राफ्ट्स, कटारी औद्योगिक प्रशिक्षण संस्थान, सतारा, ने नई वार्षिक प्रणाली और NSQF-5 के अनुसार, गहन अध्ययन किया है और अपनी मेहनत से और अपनी गहरी बुद्धि को जोड़ा है। पाठ्यक्रम, कटारी और अन्य मशीन ट्रेडों की ई-बुक। -बुक) और उन्होंने प्रशिक्षण को आसान बनाने के लिए सैद्धांतिक विषयों पर मोबाइल ऐप और ब्लॉग बनाए हैं और इन सभी शैक्षिक सामग्री को विश्व प्रसिद्ध वेबसाइटों Google Play Store, Amazon और Apple Book Store पर डाउनलोड के लिए उपलब्ध कराया है। प्रिंट संस्करण बनाकर और क्यूआर कोड जैसी उन्नत तकनीकों का उपयोग करके प्रशिक्षण को आसान बना दिया गया है।

ये सभी शैक्षिक सामग्री निश्चित रूप से सभी प्रशिक्षुओं के लिए गहन अध्ययन के लिए और शिल्प प्रशिक्षकों और अन्य संबंधितों के लिए एक मार्गदर्शक होगी जो व्यावसायिक प्रशिक्षण प्रदान कर रहे हैं।

1

वायरमैन प्रथम वर्ष हिंन्दी QR Code Images

Download App
Online Test Exam
ITI Books
AutoCAD CAM
JOB & Apprentice
Online Theory
Computer Course
Trading Course
CNC Course
MSCIT Course
Shopping Business
Internet Business
Web Designing
Online Services
Top Sportsmans
Indian Army
Freedom Fighters
Top Scientists
Social Reformers
Motivational Speaker
Top Richest People
Join WhatsApp Group
Join Facebook Group
Like Facebook Page
PAN / Adhar / Licence Passport

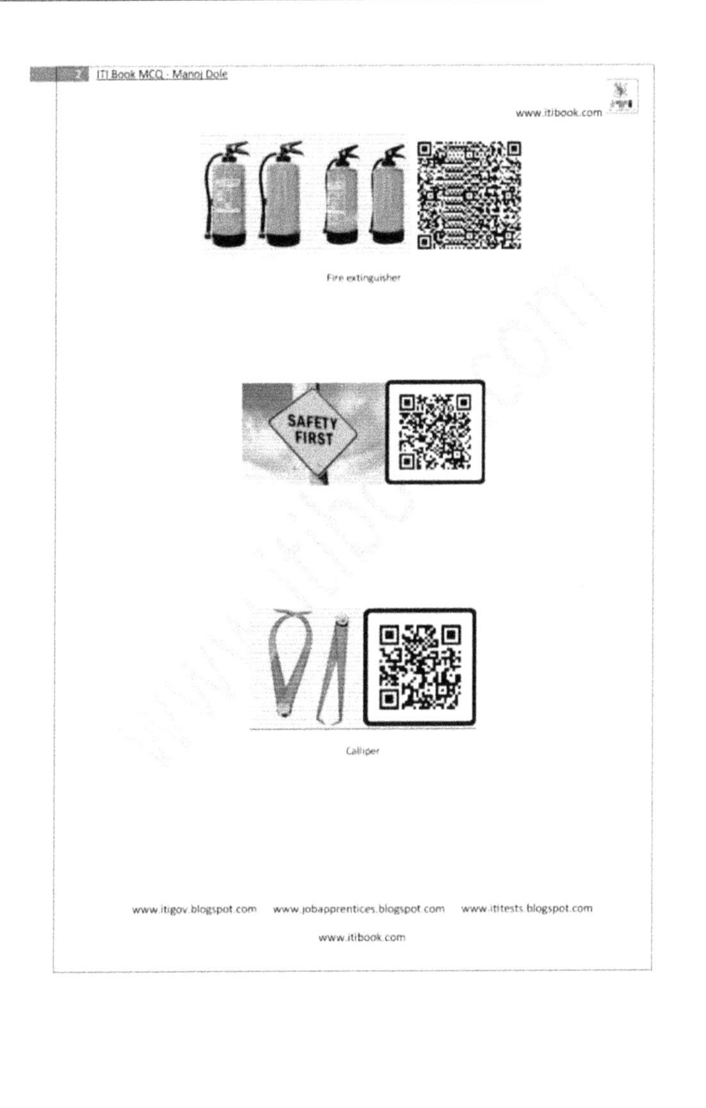

2 ITI Book MCQ - Manoj Dole

www.itibook.com

Fire extinguisher

Calliper

www.itigov.blogspot.com www.jobapprentices.blogspot.com www.ititests.blogspot.com

www.itibook.com

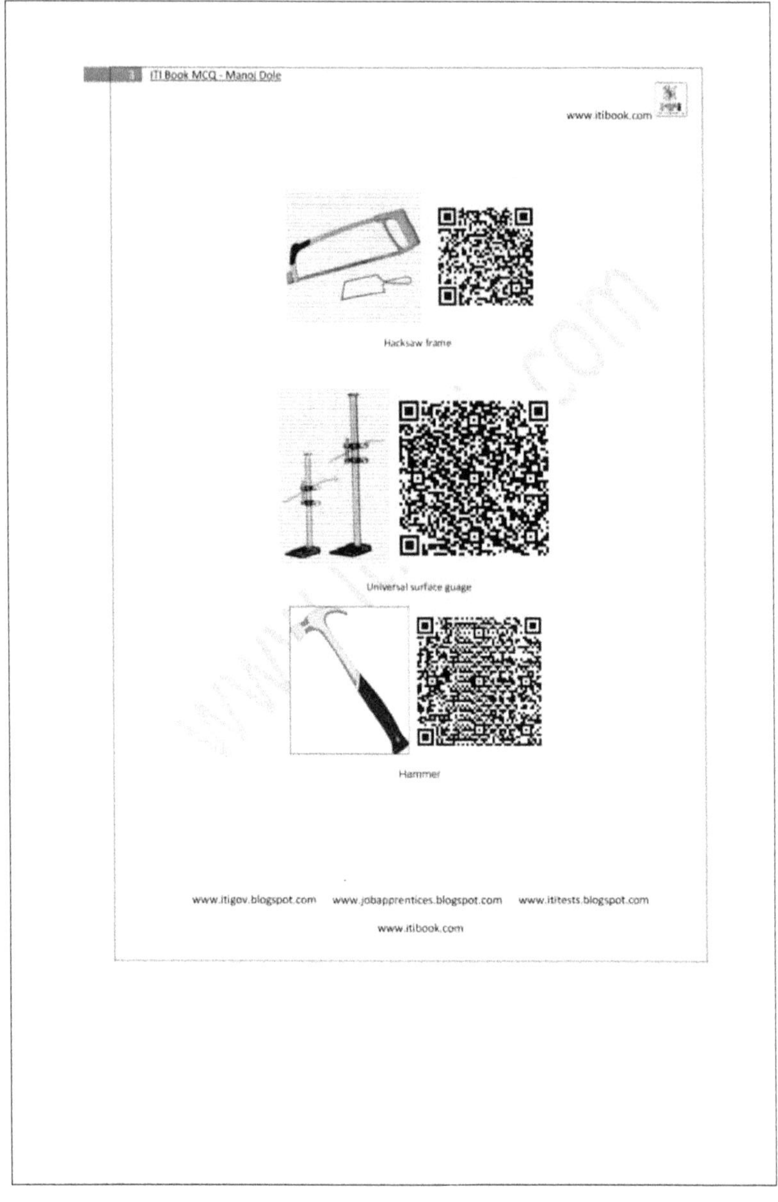

3 ITI Book MCQ - Manoj Dole

www.itibook.com

Hacksaw frame

Universal surface guage

Hammer

www.itigov.blogspot.com www.jobapprentices.blogspot.com www.ititests.blogspot.com

www.itibook.com

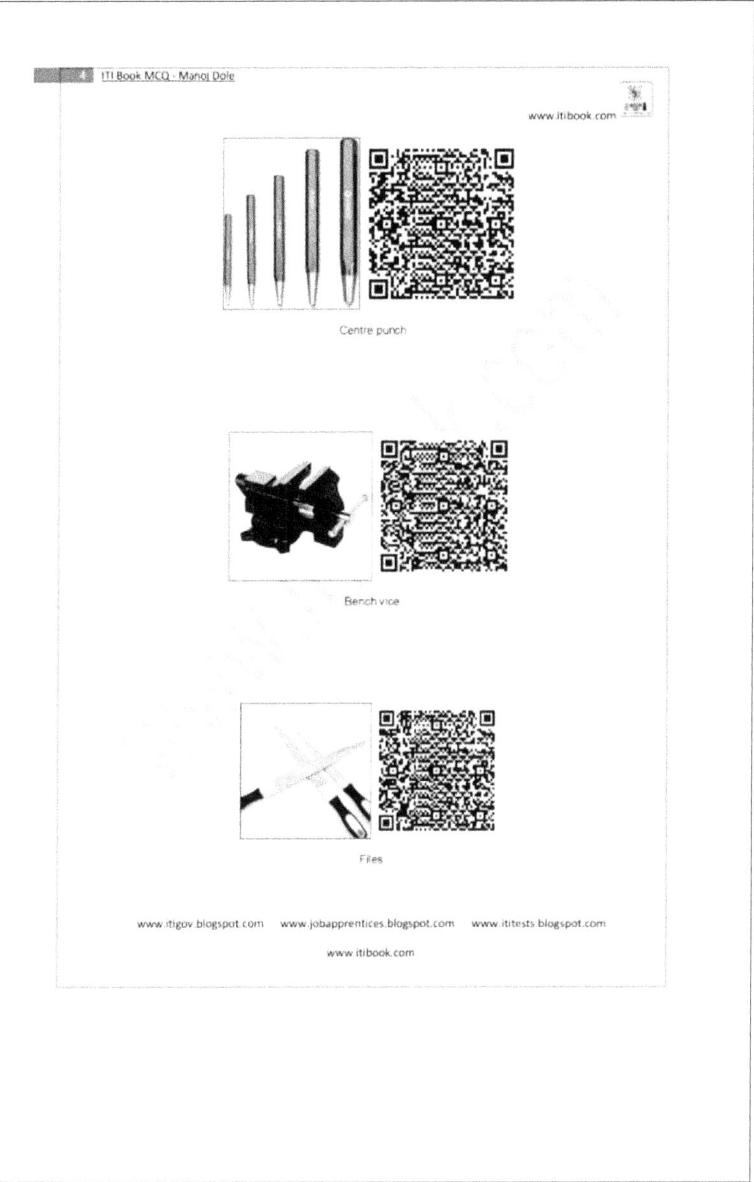
4 ITI Book MCQ - Manoj Dole
www.itibook.com
Centre punch
Bench vice
Files
www.itigov.blogspot.com www.jobapprentices.blogspot.com www.ititests.blogspot.com
www.itibook.com

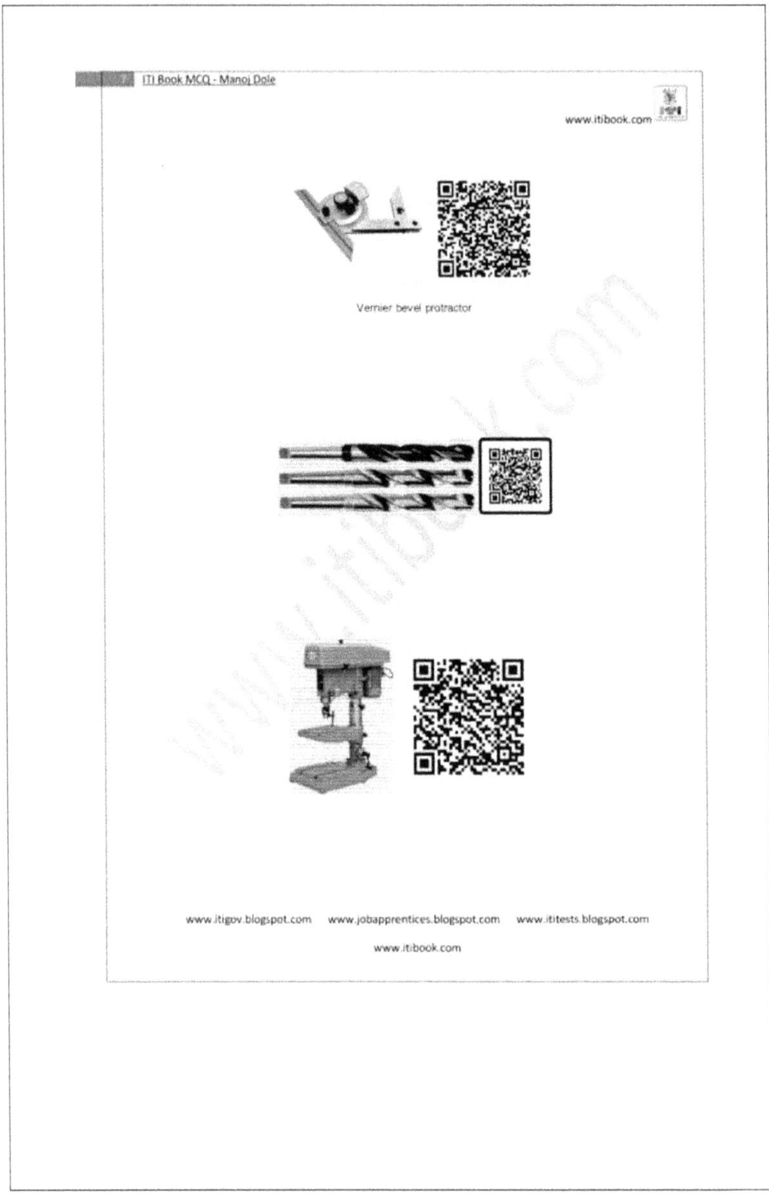
7 ITI Book MCQ - Manoj Dole
www.itibook.com
Vernier bevel protractor
www.itigov.blogspot.com www.jobapprentices.blogspot.com www.ititests.blogspot.com
www.itibook.com

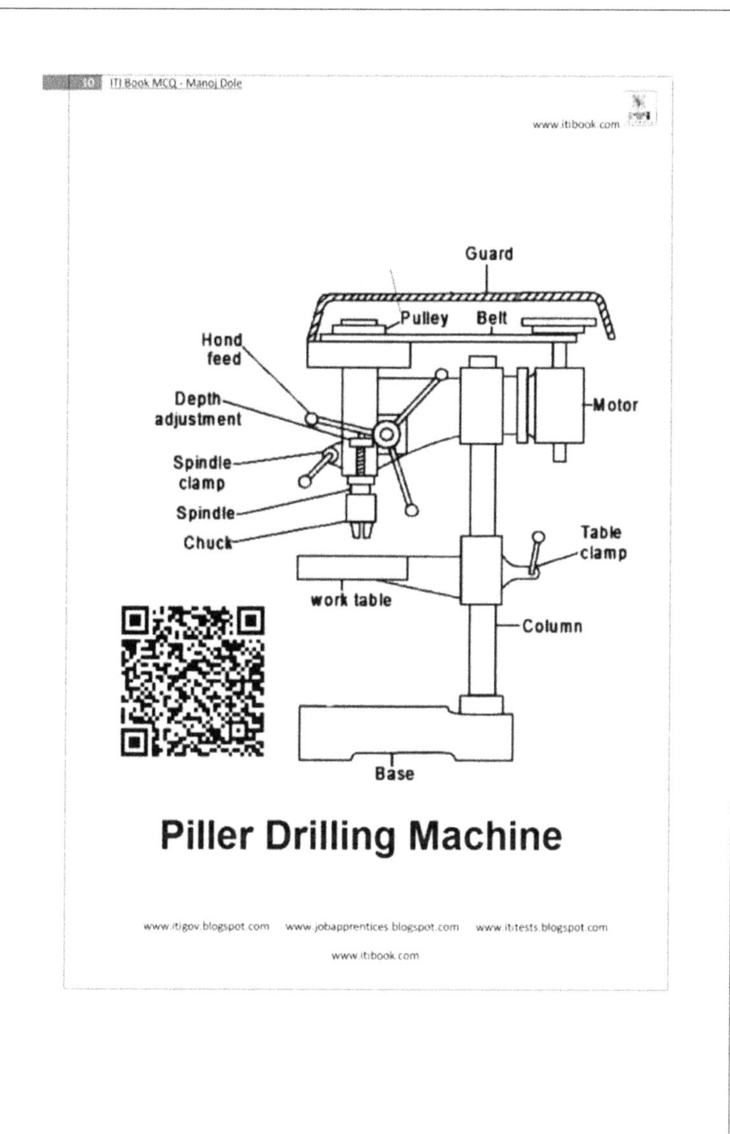
10 ITI Book MCQ - Manoj Dole
www.itibook.com
Guard
Pulley
Belt
Hond
feed
Depth
adjustment
Motor
Spindle
clamp
Spindle
Chuck
Table
clamp
work table
Column
Base
Piller Drilling Machine
www.itigov.blogspot.com
www.jobapprentices.blogspot.com
www.ititests.blogspot.com
www.itibook.com

ITI Book MCQ - Manoj Dole
www.itibook.com
battery
capacitor
cell
dynamometer
electromagnet
heater
inductance
magnet
www.itigov.blogspot.com
www.jobapprentices.blogspot.com
www.ititests.blogspot.com
www.itibook.com

15 ITI Book MCQ - Manoj Dole
www.itibook.com
megger
motor
multimeter
ohmmeter
resistores
star connected
alternator
voltmeter
ammeter
wattmeter
www.itigov.blogspot.com www.jobapprentices.blogspot.com www.ititests.blogspot.com
www.itibook.com

Coffee maker
Blender
Mixer
Toaster
Microwave
Crock pot
Rice cooker
Pressure cooker
Bachelor griller (U.K.)
Stove
Lamp
Light bulb
Lantern
Torch
Clothes iron
Electric drill

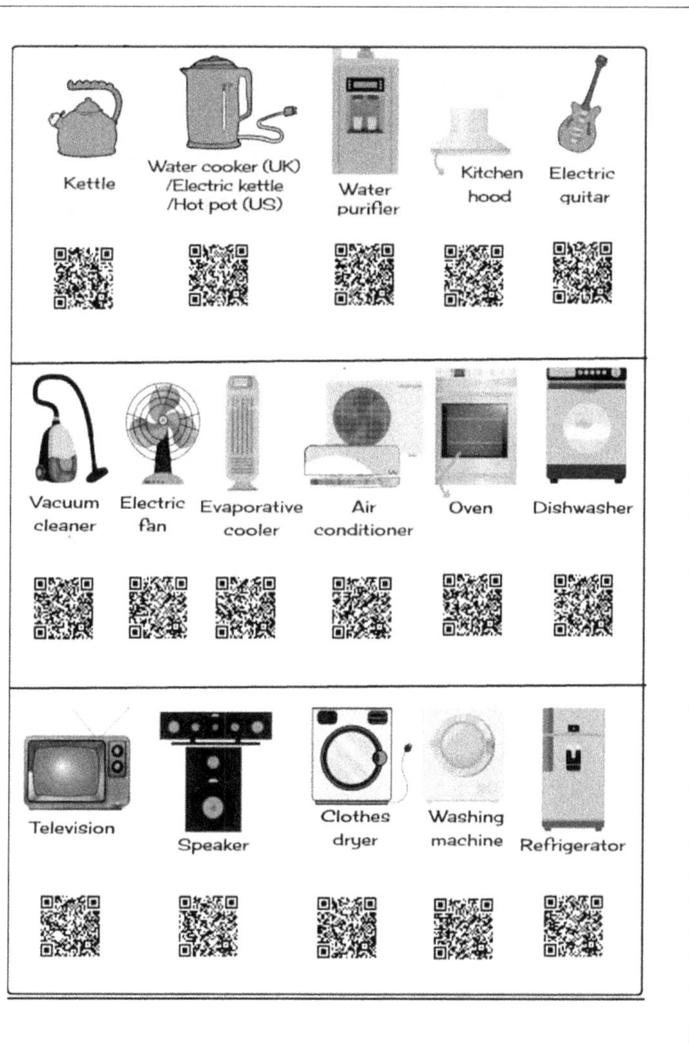
Kettle
Water cooker (UK)
/Electric kettle
/Hot pot (US)
Water
purifier
Kitchen
hood
Electric
guitar
Vacuum
cleaner
Electric
fan
Evaporative
cooler
Air
conditioner
Oven
Dishwasher
Television
Speaker
Clothes
dryer
Washing
machine
Refrigerator

COMPUTER PARTS
COMPUTER
MOUSE
KEY BOARD
SCREEN / MONITOR
FLASH DRIVE
TOWER
COMPACT DISC
LAPTOP
PRINTER
SCANNER
CARTRIDGES
WEB CAM

COMPUTER PARTS
SPEAKER
HEADPHONES
SMARTPHONE
TABLET / I-PAD
MICROPHONE
WIRELESS ROUTER
MP3 PLAYER
JOYSTICK / GAME

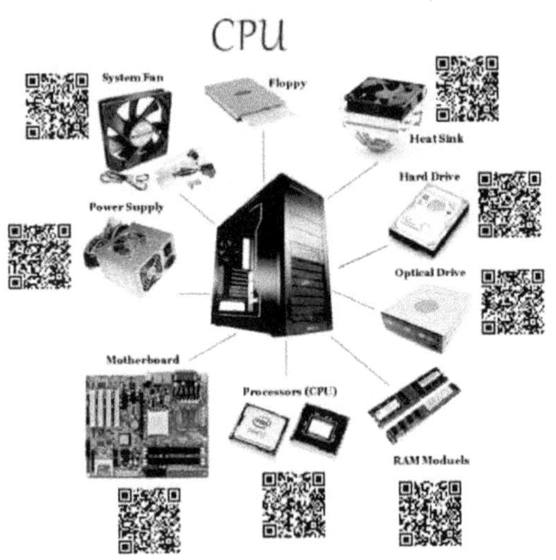

Computer CPU
Hardware Components

Learn DOS Commands
All DOS Command with explanations
MS-DOS
Computer
Operator

topic
Microsoft Access

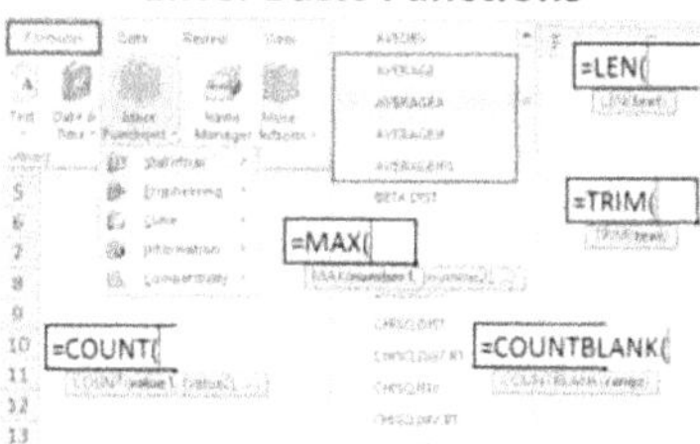
Excel Basic Functions
=LEN(
=TRIM(
=MAX(
=COUNT(
=COUNTBLANK(

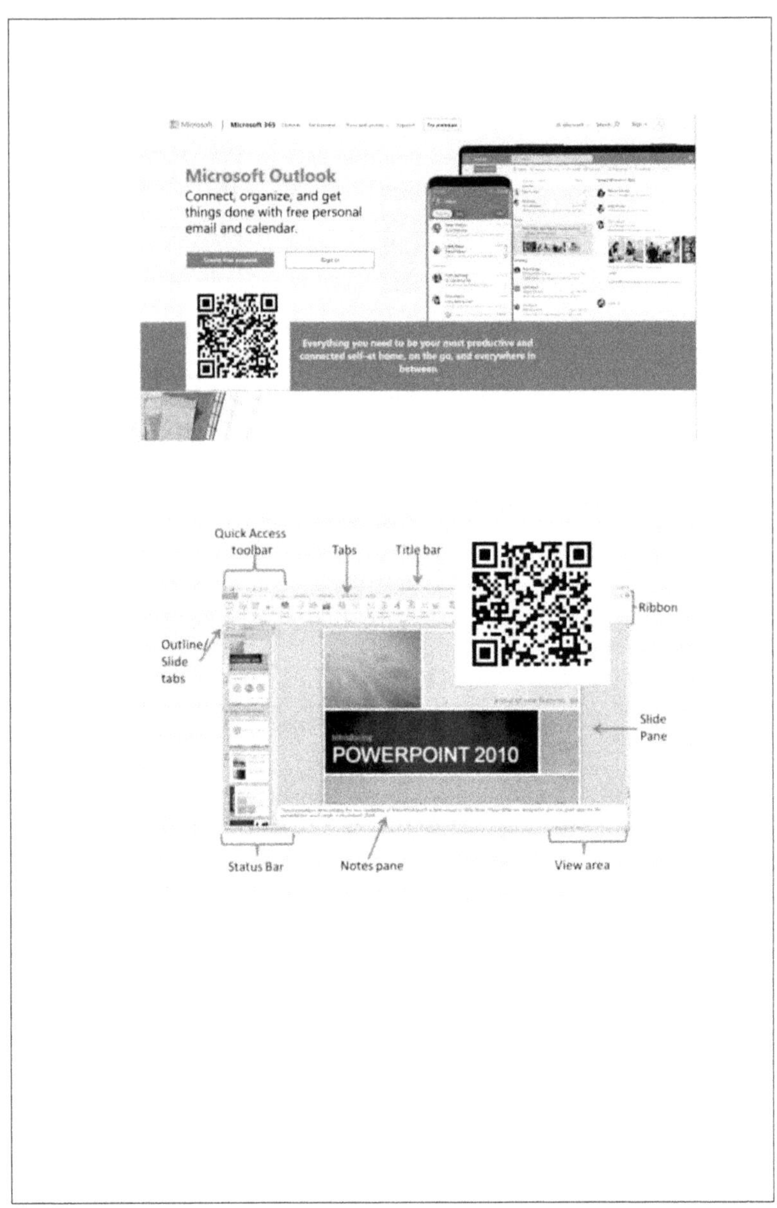
Microsoft Outlook
Connect, organize, and get things done with free personal email and calendar.
Everything you need to be your most productive and connected self-at home, on the go, and everywhere in between.
Quick Access toolbar
Tabs
Title bar
Ribbon
Outline Slide tabs
Slide Pane
POWERPOINT 2010
Status Bar
Notes pane
View area

MS Paint

Microsoft
FEATURES OF
MS WORD
IN HINDI
W
• WHAT IS MS WORD
• HISTORY OF MS WORD
• FEATURES OF MS WORD

Software Installation

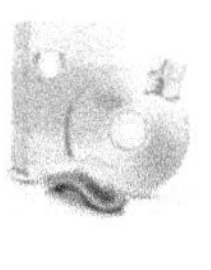

Windows
MICROSOFT

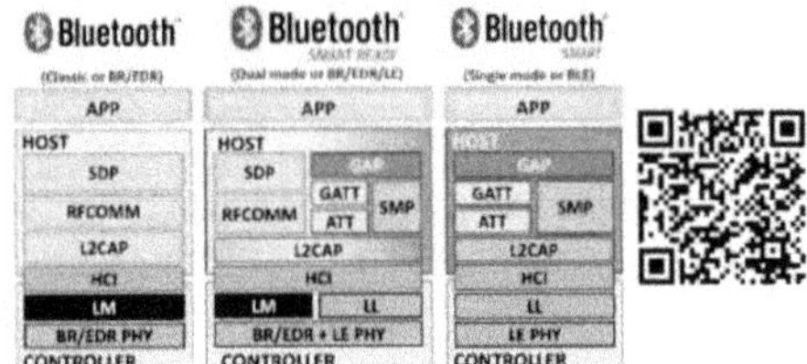
Bluetooth
Bluetooth
Bluetooth
APP
APP
APP
HOST
SDP
RFCOMM
L2CAP
HCI
LM
BR/EDR PHY
CONTROLLER
HOST
SDP
GATT
ATT
SMP
RFCOMM
L2CAP
HCI
LM
LL
BR/EDR + LE PHY
CONTROLLER
GATT
ATT
SMP
L2CAP
HCI
LL
LE PHY
CONTROLLER

WiFi
DSL/Cable
Local Network

What is a Browser - Definition and

What is Email?
HTTP client monitors and controls embedded device via webpage in HTTP server
Embedded HTTP client posts status to server and polls for new commands
Webpage running in server on Internet
Home Network
PC
HTTP Client
HTTP Server
Web Server
Router
Router
Internet
HTTP Client
Office Network

2

वायरमैन प्रथम वर्ष हिंन्दी MCQ

1] रक्तस्राव के मामले में, उपचार करें .

डी] ठंडा 3" और आराम

ए] ठंडेपानीकाछिड़कावकरें

बी] तुरंत पट्टी -----

बी] दुर्घटना विचार उपचार के बारे में पूछताछ

02] दुर्घटना की स्थिति में पीड़ित को

ए] आराम करने के लिए कहा

सी] तुरंतभागलिया

डी] उसे छोड़ दो

03] प्राथमिक रूप से घायल या बीमार व्यक्ति को प्राथमिक उपचार दिया जाता है

ए] जीवन बचाओ

बी] मफ की और गिरावट को रोकें

सी] सर्वोत्तम संभव आराम दें

डी] येसभी

04] बेकार कागज को अलग करने के लिए डिब्बे का रंग कोड है -----

ए] नीलारंग

बी] पीला रंग

सी] लाल रंग

डी] हरा रंग

05] जापानी में Seiko का अर्थ -------------- होता है

ए] शाइन

बी] क्रमबद्ध करें

सी] मानकीकरण
डी] सस्टेनेबल
06] एसएस प्रणाली का लाभ है ------
ए] उत्पादकता में वृद्धि
बी] गुणवत्ता में वृद्धि
सी] समय की बर्बादी में कमी
डी] येसभी
07] सुरक्षा है -----------
ए] किसी का व्यवसाय नहीं
बी] हरबॉडीबिजनेस
सी] कुछ निकायों का व्यवसाय
डी] संगठन व्यवसाय
08] सुरक्षा संकेतों की बुनियादी श्रेणियों के लिए उपलब्ध हैं "निषेध" चिह्न का अर्थ ----
ए] दिखाताहैकियहनहींकियाजानाचाहिए
बी] दिखाता है कि क्या किया जाना चाहिए
सी] खतरे या खतरे की चेतावनी देता है
डी] सुरक्षा प्रावधान की जानकारी देता है
09] कौन सी वर्कशॉप सेफ्टी है?
ए] दुकानकेफर्शकोसाफऔरग्रीस, तेलयाअन्यफिसलनसामग्रीसेमुक्तरखें
बी] गति बदलने से पहले मशीन बंद करो
सी] फटे या चिपके हुए औजारों का प्रयोग न करें
D] चल रही मशीन को हाथ से रोकने की कोशिश न करें
10] पर्सनल प्रोटेक्ट इक्विपमेंट (PPE) में HELMET का उपयोग किया जाता है
ए] सिरकीरक्षाकरें
बी] आंखों की रक्षा करें
सी] हाथों की रक्षा करें
डी] कानों की रक्षा करें
11] निम्नलिखित में से कौन सामान्य सुरक्षा से संबंधित है?
A एक कार्यकर्ता को अच्छे व्यवहार में रखें
बी] काम साफ और स्पष्ट
सी] अपने काम पर ध्यान लगाओ
डी] फर्शऔरगैंगवेकोसाफऔरसाफरखें
12] पीसते समय आंखों की रक्षा के लिए किसका प्रयोग किया जाता है?
ए] गहरा हरा कांच

बी] मुखौटा

सी] धूप का चश्मा

<u>डी] सुरक्षाचश्मा</u>

13] मशीन सुरक्षा के लिए निम्नलिखित में से क्या किया जाता है?

<u>ए] मशीनशुरूकरनेसेपहलेतेलकेस्तरकीजांचकरें</u>

बी] चीजों को व्यवस्थित तरीके से करें

सी] फर्श और गैंगवे को साफ और साफ रखें

डी] डाई और स्कार्फ का प्रयोग न करें

14] पर्सनल प्रोटेक्ट इक्विपमेंट (पीपीई), 'स्लीव्स' का इस्तेमाल ---------- की सुरक्षा के लिए किया जाता है

एक चेहरा

बी] आंखें

सी] कान

<u>डी] हाथ</u>

15] एबीसी का मतलब --------------

ए] स्वचालित श्वास नियंत्रण

बी] स्वचालित रक्त नियंत्रण

<u>सी] वायुमार्गश्वासपरिसंचरण</u>

डी] स्वचालित रक्त परिसंचरण

04] आग और आग बुझाने वाले

16] "कक्षा बी" की आग को बुझाने के लिए किस प्रकार के अग्निशामक यंत्र का प्रयोग किया जाता है?

<u>ए] शुष्कशक्ति</u>

बी] कार्बन डाइऑक्साइड

सी] पानी की जेट

डी] फोम प्रकार

17] सामान्य आग को बुझाने के लिए किस प्रकार के अग्निशामक यंत्र का उपयोग किया जाता है?

<u>ए] जलप्रकारबुझानेवाला</u>

बी] फोम प्रकार बुझाने वाला

सी] शुष्क रासायनिक पाउडर एक्सटिंगुइशर

डी] कार्बन डाइऑक्साइड (C02] बुझाने वाला)

1. शक्ति का SI मात्रक है

(ए) हेनरी

(बी) कूलम्ब

(सी) <u>वाट</u>

(डी) वाट-घंटा

2. विद्‌युत दाब को भी कहते हैं

(ए) प्रतिरोध

(बी) शक्ति

(सी) <u>वोल्टेज</u>

(डी) ऊर्जा

3. वे पदार्थ जिनमें बड़ी संख्या में मुक्त इलेक्ट्रॉन होते हैं और कम प्रदान करते हैं प्रतिरोध कहा जाता है

(ए) इन्सुलेटर

(बी) प्रेरक

(सी) अर्ध-चालक

(डी) <u>कंडक्टर</u>

4. निम्नलिखित में से कौन खराब कंडक्टर नहीं है?

(ए) कच्चा लोहा

(बी) <u>कॉपर</u>

(सी) कार्बन

(डी) टंगस्टन

5. निम्नलिखित में से कौन एक इन्सुलेट सामग्री है?

(ए) कॉपर

(बी) सोना

(सी) चांदी

(डी) <u>पेपर</u>

6. किसी चालक का वह गुण जिसके कारण वह धारा प्रवाहित करता है, कहलाता है

(ए) प्रतिरोध

(बी) अनिच्छा

(सी) <u>चालन</u>

(डी) अधिष्ठापन

7. चालकता का पारस्परिक है

(ए) <u>प्रतिरोध</u>

(बी) अधिष्ठापन

(सी) अनिच्छा

(डी) समाई

8. किसी चालक का प्रतिरोध व्युत्क्रमानुपाती होता है:

(ए) लंबाई

(बी) क्रॉस-सेक्शनकाक्षेत्र

(सी) तापमान

(डी) प्रतिरोधकता

9. तापमान में वृद्धि के साथ शुद्ध धातुओं का प्रतिरोध

(ए) बढ़ताहै

(बी) घटता है

(सी) पहले बढ़ता है और फिर घटता है

(डी) स्थिर रहता है

10. तापमान में वृद्धि के साथ अर्धचालकों का प्रतिरोध

(ए) घटताहै

(बी) बढ़ता है

(सी) पहले बढ़ता है और फिर घटता है

(डी) स्थिर रहता है

11. 200 मीटर लंबे तांबे के तार का प्रतिरोध 21 है। यदि इसकी मोटाई (व्यास) 0.44 मिमी है, इसका विशिष्ट प्रतिरोध लगभग है

(ए) 1.2 x 10 ~ 8 क्यूएम

(बी) 1.4 x 10 ~ 8 क्यूएम

(सी) 1.6 x 10""8 क्यूएम

(डी) 1.8 x 10"8 क्यूएम

13. विद्युत धारा का पता लगाने वाले उपकरण को कहा जाता है

(ए) वाल्टमीटर

(बी) रिओस्तात

(सी) वाटमीटर

(डी) गैल्वेनोमीटर

14. एक परिपथ में एक 33 Q रोकनेवाला 2 A की धारा वहन करता है। प्रतिरोधक के आर-पार वोल्टेज है

(ए) 33 वी

(बी) 66 वी

(सी) 80 वी

(डी) 132 वी

15. एक प्रकाश बल्ब 300 mA खींचता है जब उसके आर-पार वोल्टेज 240 V होता है। प्रकाश बल्ब का प्रतिरोध होता है

(ए) 400 क्यू

(बी) 600 क्यू

(सी) 800 क्यू

(डी) 1000 क्यू

16. दो शाखाओं वाले समानांतर परिपथ का प्रतिरोध 12 ओम है। यदि एक शाखा का प्रतिरोध 18 ओम है, तो दूसरी शाखा का प्रतिरोध क्या है?

(ए) 18 क्यू

(बी) 36 क्यू

(सी) 48 क्यू

(डी) 64 क्यू

17. समान सामग्री के चार तार, समान अनुप्रस्थ काट का क्षेत्रफल और समान लंबाई के समानांतर में जुड़े होने पर 0.25 Q का प्रतिरोध देते हैं। यदि समान चार तारों को श्रृंखला में जोड़ा जाता है तो प्रभावी प्रतिरोध होगा

(ए) 1 क्यू

(बी) 2 क्यू

(सी) 3 क्यू

(डी) 4 क्यू

18. 16 एम्पियर की धारा दो शाखाओं के बीच क्रमशः 8 ओम और 12 ओम प्रतिरोधों के समानांतर विभाजित होती है। प्रत्येक शाखा में करंट है

(ए) 6.4 ए, 6.9 ए

(बी) 6.4 ए, 9.6 ए

(सी) 4.6 ए, 6.9 ए

(डी) 4.6 ए, 9.6 ए

19. तांबे के कंडक्टर के माध्यम से वर्तमान वेग है

(ए) विद्युत ऊर्जा के प्रसार वेग के समान

(बी) वर्तमान ताकत से स्वतंत्र

(सी) कुछ ^.s/m . केक्रमके

(डी) लगभग 3 x 108 मी/से

20. निम्नलिखित में से किस सामग्री में प्रतिरोध का लगभग शून्य तापमान गुणांक है?

(ए) मैंगनीन

(बी) चीनी मिट्टी के बरतन

(सी) कार्बन

(डी) कॉपर

21. आपको रेडियो में 1500 क्यू रेसिस्टर को बदलना होगा। आपके पास 1500 क्यू रोकनेवाला नहीं है, लेकिन कई 1000 क्यू हैं जिन्हें आप कनेक्ट करेंगे

(ए) समानांतर में दो

(बी) समानांतरमेंदोऔरश्रृंखलामेंएक

(सी) समानांतर में तीन

(डी) श्रृंखला में तीन

22. दो प्रतिरोधकों को श्रेणीक्रम में संयोजित कहा जाता है, जब

(ए) एकहीवर्तमानदोनोंकेमाध्यमसेबारी-बारीसेगुजरताहै

(बी) दोनों वर्तमान का एक ही मूल्य ले जाते हैं

(सी) कुल धारा शाखा धाराओं के योग के बराबर होती है

(डी) आईआर बूंदों का योग लागू ईएमएफ के बराबर होता है

23. निम्नलिखित में से कौन सा कथन एक श्रृंखला और एक समानांतर डीसी सर्किट दोनों के लिए सही है?

(ए) तत्वों में अलग-अलग धाराएं होती हैं

(बी) धाराएं योगात्मक हैं

(सी) वोल्टेज योजक हैं

(डी) पावरएडिटिवहैं

24. निम्नलिखित में से किस सामग्री में प्रतिरोध का नकारात्मक तापमान गुणांक है?

(ए) कॉपर

(बी) एल्यूमिनियम

(सी) कार्बन

(डी) पीतल

25. ओम का नियम लागू नहीं होता

(ए) वैक्यूमट्यूब

(बी) कार्बन प्रतिरोधी

(सी) उच्च वोल्टेज सर्किट

(डी) कम वर्तमान घनत्व वाले सर्किट

26. बिजली का सबसे अच्छा कंडक्टर कौन सा है?

(ए) लोहा

(बी) चांदी

(सी) कॉपर

(डी) कार्बन

27. निम्नलिखित में से किसके लिए 'एम्पीयर सेकेंड' इकाई हो सकती है?

(ए) अनिच्छा

(बी) चार्ज
(सी) पावर
(डी) ऊर्जा
28. निम्नलिखित में से सभी वाट के तुल्य हैं सिवाय
(ए) (एम्पीयर) ओम
(बी) जूल/सेकंड।
(सी) एम्पीयर एक्स वोल्ट
(डी) एम्पीयर / वोल्ट
29. 10 ओम, 10 W रेटिंग वाले प्रतिरोध के a . होने की संभावना है
(ए) धातु प्रतिरोधी
(बी) कार्बन प्रतिरोधी
(सी) तारघावप्रतिरोधी
(डी) परिवर्तनीय प्रतिरोधी
30. निम्नलिखित में से किसमें ऋणात्मक ताप गुणांक नहीं है ?
(ए) एल्यूमिनियम
(बी) पेपर
(सी) रबड़
(डी) मीका
31. Varistors हैं
(ए) इन्सुलेटर
(6) अरैखिकप्रतिरोधक
(सी) कार्बन प्रतिरोधी
(डी) शून्य तापमान गुणांक वाले प्रतिरोधी
32. इन्सुलेट सामग्री का कार्य है
(ए) तारों के संचालन के बीच शॉर्ट सर्किट को रोकना
(बी) वोल्टेजस्रोतऔरलोडकेबीचएकखुलेसर्किटकोरोकना
(सी) बहुत बड़ी धाराओं का संचालन
(डी) बहुत अधिक धाराओं का भंडारण
33. फ्यूज तार की रेटिंग हमेशा व्यक्त की जाती है
(ए) एम्पीयर-घंटे
(बी) एम्पीयर-वोल्ट
(सी) केडब्ल्यूएच
(डी) एम्पीयर
34. एक आयन पर न्यूनतम आवेश होता है

(ए) परमाणु की परमाणु संख्या के बराबर

(बी) एकइलेक्ट्रॉनकेप्रभारकेबराबर

(c) एक परमाणु में इलेक्ट्रॉनों की संख्या के आवेश के बराबर (#) शून्य

35. असमान प्रतिरोध वाले श्रेणी परिपथ में

(ए) उच्चतम प्रतिरोध में इसके माध्यम से सबसे अधिक धारा होती है

(बी) सबसे कम प्रतिरोध में उच्चतम वोल्टेज ड्रॉप होता है

(सी) सबसे कम प्रतिरोध में उच्चतम वर्तमान है

(डी) उच्चतमप्रतिरोधमेंउच्चतमवोल्टेजड्रॉपहोताहै

36. बिजली के बल्ब का फिलामेंट बना होता है

(ए) कार्बन

(बी) एल्यूमीनियम

(सी) टंगस्टन

(डी) निकल

37. एक 3 क्यू रोकनेवाला जिसमें 2 ए करंट होता है, की शक्ति को समाप्त कर देगा

(ए) 2 वाट

(बी) 4 वाट

(सी) 6 वाट

(डी) 8 वाट

38. निम्नलिखित में से कौन सा कथन सत्य है?

(ए) समानांतर में कम प्रतिरोध वाला गैल्वेनोमीटर एक वोल्टमीटर है

(बी) समानांतर में उच्च प्रतिरोध वाला गैल्वेनोमीटर एक वोल्टमीटर है

(सी) श्रृंखलामेंएकगैल्वेनोमीटरप्रतिरोधनिम्नकेसाथएकएमीटरहै

(डी) श्रृंखला में उच्च प्रतिरोध वाला गैल्वेनोमीटर एक एमीटर है

39. बंद विद्युत परिपथ में तार कंडक्टर के कुछ मीटर का प्रतिरोध है

(ए) व्यावहारिकरूपसेशून्य

(फुंक मारा

(सी) उच्च

(डी) बहुत अधिक

40. यदि मेन लाइन में एक समानांतर सर्किट खोला जाता है, तो करंट

(ए) सबसे कम प्रतिरोध की शाखा में बढ़ता है

(बी) प्रत्येक शाखा में बढ़ता है

(सी) सभीशाखाओंमेंशून्यहै

(डी) उच्चतम प्रतिरोधी शाखा में शून्य है

41. यदि 0.2 ओम प्रतिरोध वाले तार के चालक की लंबाई दोगुनी कर दी जाए, तो उसका प्रतिरोध हो जाता है

(ए) <u>0.4 ओम</u>

(बी) 0.6 ओम

(सी) 0.8 ओम

(डी) 1.0 ओम

42. 60 वोल्ट की विद्युत लाइन के आर-पार तीन 60 वाट के बल्ब समानांतर में हैं। अगर एक बल्ब खुला जलता है

(ए) मुख्य लाइन में भारी धारा होगी

(बी) शेष दो बल्ब नहीं जलेंगे

(c) तीनों बल्ब जलेंगे

(डी) <u>अन्यदोबल्बप्रकाशकरेंगे</u>

43. 40 W के चार बल्ब श्रृंखला में जुड़े हुए हैं, उनके बीच एक बैटरी तेज है, निम्नलिखित में से कौन सा कथन सत्य है?

(ए) एक <u>हीमेंप्रत्येकबल्बकेमाध्यमसेवर्तमान</u>

(बी) प्रत्येक बल्ब में वोल्टेज समान नहीं है

(सी) प्रत्येक बल्ब में बिजली अपव्यय समान नहीं है

(डी) उपरोक्त में से कोई नहीं

44. दो प्रतिरोध Rl और Ri श्रृंखला में वोल्टेज स्रोत में जुड़े हुए हैं जहां Rl>Ri। सबसे बड़ी गिरावट पार होगी

(ए) <u>आरएलई</u>

(बी) री

(सी) या तो आरएल या री

(डी) उनमें से कोई नहीं

46. एक बंद स्विच में का प्रतिरोध होता है

(ए) <u>शून्य</u>

(बी) लगभग 50 ओम

(सी) लगभग 500 ओम

(डी) अनंत

47. बल्ब के फिलामेंट का गर्म प्रतिरोध उसके ठंडे प्रतिरोध से अधिक है क्योंकि फिलामेंट का तापमान गुणांक है

(ए) शून्य

(बी) नकारात्मक

(सी) <u>सकारात्मक</u>

(डी) लगभग 2 ओम प्रति डिग्री

49. करंट ले जाने वाले कंडक्टर पर इंसुलेशन प्रदान किया जाता है

(ए) वर्तमान के रिसाव को रोकने के लिए

(बी) सदमे को रोकने के लिए

(सी) उपरोक्तदोनोंकारक

(डी) उपरोक्त कारकों में से कोई नहीं

50. कंडक्टर पर प्रदान किए गए इन्सुलेशन की मोटाई निर्भर करती है

(ए) कंडक्टरपरवोल्टेजकापरिमाण

(बी) इसके माध्यम से बहने वाली धारा का परिमाण

(सी) दोनों (ए) और (बी)

(डी) उपरोक्त में से कोई नहीं

51. निम्नलिखित में से कौन सी मात्रा एक श्रृंखला सर्किट के सभी भागों में समान रहती है?

(ए) वोल्टेज

(बी) वर्तमान

(सी) पावर

(डी) प्रतिरोध

52. एक 40 W बल्ब को एक रूम हीटर के साथ श्रेणीक्रम में जोड़ा गया है। यदि अब 40 वाट के बल्ब को 100 वाट के बल्ब से बदल दिया जाए, तो हीटर का उत्पादन होगा

(कमी होना

(बी) वृद्धि

(सी) वही रहें

(डी) हीटर जल जाएगा

53. एक इलेक्ट्रिक केतली में पानी 10 मीटर मिनट में उबलता है। बॉयलर को 15 मिनट में उबालना आवश्यक है, उसी आपूर्ति साधन का उपयोग करके

(ए) हीटिंगतत्वकीलंबाईकमकीजानीचाहिए

(बी) हीटिंग तत्व की लंबाई बढ़ाई जानी चाहिए

(सी) हीटिंग तत्व की लंबाई का पानी पर हीटिंग पर कोई प्रभाव नहीं पड़ता है

(डी) उपरोक्त में से कोई नहीं

54. एक विद्युत फिलामेंट बल्ब से काम किया जा सकता है

(ए) डीसी आपूर्ति केवल

(बी) एसी आपूर्ति केवल

(सी) केवल बैटरी की आपूर्ति

(डी) उपरोक्तसभी

55. लागू वोल्टेज बढ़ने पर टंगस्टन लैंप का प्रतिरोध

(ए) घटता है

(बी) बढ़ताहै

(सी) वही रहता है

(डी) उपरोक्त में से कोई नहीं

56. परिपथ से गुजरने वाली विद्युत धारा उत्पन्न करती है

(ए) चुंबकीय प्रभाव

(बी) चमकदार प्रभाव

(सी) थर्मलप्रभाव

(डी) रासायनिक प्रभाव

(ई) सभी उपरोक्त प्रभाव

57. किसी पदार्थ का प्रतिरोध हमेशा घटता है यदि

(ए) सामग्री का तापमान कम हो जाता है

(6) सामग्री का तापमान बढ़ जाता है

(सी) उपलब्ध मुक्त इलेक्ट्रॉनों की संख्या अधिक हो जाती है

(डी) उपरोक्त में से कोई भी सही नहीं है

58. यदि किसी मशीन की दक्षता अधिक हो तो निम्न क्या होना चाहिए ?

(ए) इनपुट पावर

(बी) नुकसान

(सी) शक्ति का सही घटक

(डी) किलोवाट खपत

(ई) आउटपुट से इनपुट का अनुपात

59. जब किसी धात्विक चालक से विद्युत धारा प्रवाहित होती है तो उसका ताप बढ़ जाता है। इसका कारण है

(ए) चालनइलेक्ट्रॉनोंऔरपरमाणुओंकेबीचटकराव

(बी) मूल परमाणुओं से चालन इलेक्ट्रॉनों की रिहाई

(सी) धातु परमाणुओं के बीच आपसी टकराव

(डी) इलेक्ट्रॉनों के संचालन के बीच पारस्परिक टकराव

60. 250 वोल्ट पर रेटेड 500 डब्ल्यू और 200 डब्ल्यू के दो बल्बों का प्रतिरोध अनुपात होगा:

(ए) 4: 25

(बी) 25: 4

(सी) 2: 5

(डी) 5: 2

61. एक कांच की छड़ को रेशमी कपड़े से रगड़ने पर आवेशित होता है क्योंकि
(ए) यह प्रोटॉन में लेता है
(बी) इसके परमाणु हटा दिए जाते हैं
(सी) यहइलेक्ट्रॉनोंकोदूरकरताहै
(डी) यह सकारात्मक चार्ज देता है
62. क्या सर्किट एसी हो सकता है। या डीसी वन, निम्नलिखित में सबसे प्रभावी है: वर्तमान के परिमाण को कम करना।
(ए) रिएक्टर
(बी) संधारित्र
(सी) प्रारंभ करनेवाला
(डी) प्रतिरोधी
63. इसे हटाना अधिक कठिन हो जाता है
(ए) कक्षा से कोई भी इलेक्ट्रॉन
(6) कक्षा से पहला इलेक्ट्रॉन
(सी) कक्षा से दूसरा इलेक्ट्रॉन
(डी) कक्षासेतीसराइलेक्ट्रॉन
64. जब समानांतर परिपथ का एक पैर खोला जाता है तो कुल धारा वसीयत होगी
(ए) कम करें
(बी) वृद्धि
(सी) कमी
(डी) शून्य बनो
65. एक लैम्प लोड में जब कुल प्रतिरोध पर एक से अधिक लैम्प स्विच किए जाते हैं भार का
(ए) बढ़ता है
(बी) घटताहै
(सी) वही रहता है
(डी) उपरोक्त में से कोई नहीं
66. दो लैंप 100 W और 40 W 230 V . के आर-पार श्रृंखला में जुड़े हुए हैं (वैकल्पिक)।
निम्नलिखित में से कौन सा कथन सही है?
(ए) 100 डब्ल्यू लैंप तेज चमकेगा
(बी) 40 डब्ल्यूलैंपतेजचमकेगा
(सी) दोनों दीपक समान रूप से उज्ज्वल चमकेंगे
(डी) 40 डब्ल्यू दीपक फ्यूज हो जाएगा

67. 220 V, 100 W लैम्प का प्रतिरोध होगा

(ए) 4.84 क्यू

(बी) 48.4 क्यू

(सी) 484 फीट

(डी) 4840 क्यू

68. प्रत्यक्ष धारा के मामले में

(ए) वर्तमानकीपरिमाणऔरदिशास्थिररहतीहै

(बी) समय के साथ वर्तमान परिवर्तनों की परिमाण और दिशा

(सी) समय के साथ वर्तमान परिवर्तनों का परिमाण

(डी) वर्तमान का परिमाण स्थिर रहता है

69. जब विद्युत धारा पानी से भरी बाल्टी से गुजरती है, तो बहुत अधिक बुदबुदाहट होती है

देखा। इससे पता चलता है कि आपूर्ति का प्रकार है

(ए) एसी

(बी) डीसी

(सी) उपरोक्त दो में से कोई भी

(डी) उपरोक्त में से कोई नहीं

70. लागू वोल्टेज बढ़ने पर कार्बन फिलामेंट लैंप का प्रतिरोध।

(ए) बढ़ता है

(बी) घटताहै

(सी) वही रहता है

(डी) उपरोक्त में से कोई नहीं

71. स्ट्रीट लाइटिंग में बल्ब सभी जुड़े हुए हैं

(ए) समानांतर

(बी) श्रृंखला

(सी) श्रृंखला-समानांतर

(डी) एंड-टू-एंड

72. परीक्षण उपकरणों के लिए, परीक्षण लैंप की वाट क्षमता होनी चाहिए

(ए) बहुत कम

(फुंक मारा

(सी) उच्च

(डी) कोई मूल्य

73. घर में दीपक जलाने से रेडियो में ध्वनि उत्पन्न होती है। ऐसा इसलिए है क्योंकि स्विचिंग ऑपरेशन उत्पन्न करता है

(ए) संपर्कोंकोअलगकरनेमेंचाप

(बी) उच्च तीव्रता का यांत्रिक शोर

(सी) संपर्कों के बीच यांत्रिक शोर और चाप दोनों

(डी) उपरोक्त में से कोई नहीं

74. स्पार्किंग तब होती है जब एक लोड बंद हो जाता है क्योंकि सर्किट उच्च होता है

(ए) प्रतिरोध

(बी) अधिष्ठापन

(सी) समाई

(डी) प्रतिबाधा

75. निश्चित लंबाई और प्रतिरोध के तांबे के तार को तीन गुना तक खींचा जाता है लंबाई में परिवर्तन के बिना तार का नया प्रतिरोध बन जाता है

(ए) 1/9 बार

(बी) 3 बार

(सी) 9 बार

(डी) अपरिवर्तित

76. जब एक हीटर का प्रतिरोध तत्व फ्यूज हो जाता है और फिर हम उसके एक हिस्से को हटाकर इसे फिर से जोड़ देते हैं, तो हीटर की शक्ति होगी

(कमी होना

(बी) वृद्धि

(सी) स्थिर रहो

(डी) उपरोक्त में से कोई नहीं

77. बल का एक क्षेत्र केवल के बीच मौजूद हो सकता है

(ए) दो अणु

(बी) दोआयन

(सी) दो परमाणु

(डी) दो धातु कण

78. एक पदार्थ जिसके अणुओं में असमान परमाणु होते हैं, कहलाते हैं

(ए) अर्ध-कंडक्टर

(बी) सुपर-कंडक्टो

(सी) यौगिक

(डी) इन्सुलेटर

79. अंतर्राष्ट्रीय ओम को के प्रतिरोध के रूप में परिभाषित किया गया है

(ए) पाराकाएकस्तंभ

(बी) कार्बन का एक घन

(सी) तांबे का घन

(डी) तार की इकाई लंबाई

80. तीन समान प्रतिरोधक पहले समानांतर में और फिर श्रृंखला में जुड़े हुए हैं। पहले संयोजन का दूसरे संयोजन का परिणामी प्रतिरोध होगा

(ए) 9 गुना

(बी) 1/9 बार

(सी) 1/3 बार

(डी) 3 बार

91. प्रतिरोधों के पूर्ण माप के लिए किस विधि का उपयोग किया जा सकता है?

(ए) लोरेंत्ज़ विधि

(बी) रिले विधि

(सी) ओम की कानून विधि

(डी) व्हीटस्टोनब्रिजविधि

92. त्रिभुज बनाने के लिए तीन 6 ओम प्रतिरोधक जुड़े हुए हैं। किन्हीं दो कोनों के बीच प्रतिरोध क्या है?

(ए) 3/2 क्यू

(बी 6 क्यू

(सी) 4 क्यू

(डी) 8/3 क्यू

93. ओम का नियम लागू नहीं होता

(ए) अर्ध-चालक

(बी) डीसी सर्किट

(सी) छोटे प्रतिरोधी

(डी) उच्च धाराएं

94. दो तांबे के कंडक्टरों की लंबाई समान होती है। एक कंडक्टर का क्रॉस-सेक्शनल क्षेत्र दूसरे के चार गुना है। यदि छोटे अनुप्रस्थ काट वाले चालक का प्रतिरोध 40 ओम है तो अन्य चालक का प्रतिरोध होगा

(ए) 160 ओम

(बी) 80 ओम

(सी) 20 ओम

(डी) 10 ओम

95. हीटर कॉइल के रूप में उपयोग किए जाने वाले नाइक्रोम तार में 2 £2/m का प्रतिरोध होता है। 200 वोल्ट पर 1 किलोवाट के हीटर के लिए आवश्यक तार की लंबाई होगी

(ए) 80 एम

(बी) 60 एम

(सी) 40 एम

(डी) 20 एम

96. प्रतिरोध का तापमान गुणांक के रूप में व्यक्त किया जाता है

(ए) ओम/डिग्री सेल्सियस

(बी) एमएचओएस/ओम डिग्री सेल्सियस

(सी) ओम/ओमडिग्रीसेल्सियस

98. जब हीटर कॉइल से करंट प्रवाहित होता है तो यह चमकता है लेकिन आपूर्ति तारों में चमक नहीं होती है क्योंकि

(ए) आपूर्ति लाइन के माध्यम से प्रवाह धीमी गति से बहता है

(बी) आपूर्ति तारों को इन्सुलेशन परत के साथ कवर किया गया है

(सी) हीटरकॉइलकाप्रतिरोधआपूर्तितारोंसेअधिकहै

(डी) आपूर्ति तार बेहतर सामग्री से बने होते हैं

99. ओम के नियम के तहत वैधता की शर्त यह है कि

(ए) प्रतिरोधएकसमानहोनाचाहिए

(बी) वर्तमान प्रतिरोध के आकार के समानुपाती होना चाहिए

(सी) प्रतिरोध तार घाव प्रकार होना चाहिए

(डी) सकारात्मक छोर पर तापमान नकारात्मक छोर पर तापमान से अधिक होना चाहिए

100. निम्नलिखित में से कौन सा कथन सही है?

(ए)
एकअर्ध-चालकएकसामग्रीहैजिसकीचालकताएककंडक्टरऔरएकइन्सुलेटरकेबीचसमानहोत

(बी) एक अर्ध-चालक एक ऐसी सामग्री है जिसमें चालकता होती है जिसमें धातु और इन्सुलेटर की चालकता का औसत मूल्य होता है

(सी) एक अर्ध-कंडक्टर वह होता है जो लागू वोल्टेज का केवल आधा हिस्सा होता है

(डी) एक सेमी-कंडक्टर सामग्री और इन्सुलेटर के संचालन की वैकल्पिक परतों से बना एक सामग्री है

101. एक रिओस्तात पोटेंशियोमीटर से इस संबंध में भिन्न होता है कि यह

(ए) कम वाट क्षमता रेटिंग है

(बी) उच्चवाटक्षमतारेटिंगहै

(सी) बड़ी संख्या में मोड़ हैं

(डी) बड़ी संख्या में टैपिंग प्रदान करता है

102. समान विद्युत प्रतिरोध के लिए समान क्रॉस-सेक्शन के तांबे के कंडक्टर की तुलना में एक एल्यूमीनियम कंडक्टर का वजन है

(ए) <u>50%</u>

(बी) 60%

(सी) 100%

(डी) 150%

103. एक खुला रोकनेवाला, जब ओम-मीटर से जाँचा जाता है, तो पढ़ता है

(ए) शून्य

(बी) <u>अनंत</u>

(सी) उच्च लेकिन सहनशीलता के भीतर

(डी) कम लेकिन शून्य नहीं

104. अधिकांश धातुओं की तुलना में विद्युत चालकता वाले पदार्थ बहुत कम होते हैं लेकिन विशिष्ट इन्सुलेटर की तुलना में बहुत अधिक होते हैं।

(ए) Varistors

(बी) थर्मिस्टर

(सी) <u>सेमी-कंडक्टर</u>

(डी) परिवर्तनीय प्रतिरोधी

105. सभी अच्छे कंडक्टरों में उच्च होता है

(ए) <u>चालन</u>

(बी) प्रतिरोध

(सी) अनिच्छा

(डी) तापीय चालकता

106. वोल्टेज पर निर्भर प्रतिरोधक आमतौर पर से बने होते हैं

(ए) लकड़ी का कोयला

(बी) सिलिकॉन कार्बाइड

(सी) <u>निक्रोम</u>

(डी) ग्रेफाइट

107. वोल्टेज पर निर्भर प्रतिरोधों का उपयोग किया जाता है

(ए) आगमनात्मक सर्किट के लिए

(बी) <u>उछालकोदबानेकेलिए</u>

(सी) हीटिंग तत्वों के रूप में

(डी) वर्तमान स्टेबलाइजर्स के रूप में

108. प्रोटॉन के द्रव्यमान और इलेक्ट्रॉन के द्रव्यमान का अनुपात लगभग है

(ए) <u>1840</u>

(बी) 1840

(सी) 30

(डी) 4

109. कार्बन परमाणु की सबसे बाहरी कक्षा में इलेक्ट्रॉनों की संख्या है

(ए) 3

(बी) 4

(सी) 6

(डी) 7

110. समानांतर में जुड़े तीन प्रतिरोधों के साथ, यदि प्रत्येक 20 W को नष्ट कर देता है तो वोल्टेज स्रोत द्वारा आपूर्ति की गई कुल शक्ति बराबर होती है

(ए) 10 डब्ल्यू

(बी) 20 डब्ल्यू

(सी) 40 डब्ल्यू

(डी) 60 डब्ल्यू

111. एक थर्मिस्टर में होता है

(ए) सकारात्मक तापमान गुणांक

(बी) नकारात्मक तापमान गुणांक

(सी) शून्यतापमानगुणांक

(डी) परिवर्तनीय तापमान गुणांक

112. यदि/, R और t क्रमशः धारा, प्रतिरोध और समय हैं, तो तदनुसार
जूल के नियम के अनुसार उत्पादित ऊष्मा के समानुपाती होगी

(ए) I2Rt

(बी) I2Rf

(सी) I2R2t

(डी) आई2आर2टी*

113. नाइक्रोम तार किसका मिश्रधातु है?

(ए) सीसा और जस्ता

(बी) क्रोमियम और वैनेडियम

(सी) निकलऔरक्रोमियम

(डी) तांबा और चांदी

114. जब एक वोल्ट का वोल्टेज लगाया जाता है, तो एक सर्किट एक माइक्रो एम्पीयर करंट प्रवाहित होने देता है। सर्किट का संचालन है

(ए) 1 एन-म्हो

(बी) 106 एमएचओ

(सी) 1 मिली-म्हो

(डी) उपरोक्त में से कोई नहीं

115. निम्नलिखित में से किसके पास नकारात्मक तापमान गुणांक हो सकता है?
(ए) चांदी के यौगिक
(6) तरल धातु
(सी) धातु मिश्र धातु
(डी) इलेक्ट्रोलाइट्स
116. चालकता : एमएचओ ::
(ए) प्रतिरोध: ओम
(बी) समाई: हेनरी
(सी) अधिष्ठापन: फैराड
(डी) लुमेन: स्टेरेडियन
117. 1 एंगस्ट्रॉम बराबर होता है
(ए) 10-8 मिमी
(बी) 10"6 सेमी
(सी) 10"10 एम
(डी) 10 ~ 14 एम
118. एक न्यूटन मीटर समान है
(ए) एक वाट
(बी) एकजूल
(सी) पांच जूल
(डी) एक जूल सेकंड

85] एक हीटर 240V स्रोत से कनेक्ट होने पर 8A की धारा खींचता है] ओम में हीटर तत्व का प्रतिरोध मान क्या है?
ए] 40
बी] 20
सी] 30
डी] 60

86] एक 80 ओम हीटिंग तत्व के साथ एक इलेक्ट्रिक सोल्डरिंग आयरन को 240V आउटलेट में प्लग किया जाता है] आयरन द्वारा कितनी धारा खींची जाएगी?
ए] 2ए
बी] 3ए
सी] 4ए
डी] 5ए

87] एक कार में अल्टरनेटर 4A बचाता है और इसके टर्मिनलों में 3 ओम का भार जुड़ा होता है] सर्किट का वोल्टेज ज्ञात करें

ए] 18वी

बी] 24V

सी] <u>12वी</u>

डी] 16वी

88] 1K ओम, 2K ओम और 7K ओम के तीन प्रतिरोधक 30 V आपूर्ति के साथ श्रृंखला में जुड़े हुए हैं] यदि 2 K ओम और 7 K ओम प्रतिरोध खुले परिचालित हैं, तो 7K ओम रोकनेवाला से जुड़ा एक वोल्टमीटर इंगित करेगा ...

ए] 10 के ओम, 3ए

बी] 10 k ओम, 300mA

सी] <u>10 केओम, 3 एमए</u>

डी] 5 के ओम, 6 एमए

89] एक वोल्टेज स्रोत 20 ओम प्रतिरोध में 40V की एक IR ड्रॉप, 30 ओम प्रतिरोध में 60V और 90 ओम प्रतिरोध में 180V सभी श्रृंखला में उत्पन्न करता है] लागू वोल्टेज कितना है?

ए] 180 वी

बी] 240 वी

सी] 100 वी

डी <u>] 280 वी</u>

90] तीन प्रतिरोधक 27 ओम, 47 ओम और 68 ओम समानांतर में जुड़े हुए हैं] ओटल प्रतिरोध क्या है?

ए] <u>27 ओमसेकम</u>

बी] 68 ओम से अधिक

सी] 27 और 47 ओम के बीच

D] तीनों प्रतिरोधों का योग

91] एक मिलियन और एक मेगा ओम प्रतिरोधक हैं यदि दोनों को समानांतर में जोड़ा जाए, तो संयुक्त प्रतिरोध मान क्या होगा?

ए] <u>0.5 मेगाओम</u>

बी] 0.5 मिली ओम

सी] 0.5 किलो ओम

डी] 0.5 ओम

92] समानांतर में 24 ओम और 8 ओम के प्रतिरोधों का एक संयुक्त प्रतिरोध प्राप्त होता है...

ए] <u>6 ओम</u>

बी] 12 ओम

सी] 3 ओम

डी] 32 ओम

93] निम्नलिखित मानों के प्रतिरोधक समानांतर में जुड़े हुए हैं, 5 ओम, 5 किलो-ओम, 50 किलो-ओम, 5 मेगा ओम] उनका समकक्ष प्रतिरोध बहुत करीब होगा...

ए] 4.5 ओम

बी] 4500 ओम

सी] 45000 ओम

डी] 4,500,000 ओम

94] दिए गए तार का प्रतिरोध 2 ओम है] उसी सामग्री से बने दूसरे तार का प्रतिरोध लंबाई से दोगुना और अनुप्रस्थ काट के क्षेत्रफल से दोगुना है...

ए] 5 ओम

बी] 6 ओम

सी] 2 ओम

डी] 8 ओम

95] यदि किसी दी गई लंबाई के धातु के तार का क्षेत्रफल दोगुना है, तो उसका प्रतिरोध होगा...

ए] दोगुना हो

बी] आधाहो

सी] वही रहें

डी] चार गुना अधिक हो

96]। निम्नलिखित में से केवल एक को प्रतिरोध तार माना जाता है

ए] सोना

बी] चांदी

सी] नाइक्रोम

डी] तांबा

97] आर्क हीटिंग तब होता है जब विपरीत ध्रुवता के इलेक्ट्रोड के बीच की हवा बन जाती है।

ए] सिक्त

बी] सूखा

सी] आयनित

डी] उपरोक्त में से कोई नहीं

98] भट्टी का तापमान मापने के लिए प्रयुक्त मीटर है...

ए] हाइड्रोमीटर

बी] पाइरोमीटर

सी] हाइग्रोमीटर

डी] टैकोमीटर

99] इलेक्ट्रोलाइट के मामले में तापमान में वृद्धि का कारण बनता है ...

ए] प्रतिरोधमेंकमी

बी] प्रतिरोध में वृद्धि

सी] प्रतिरोध में कोई बदलाव नहीं

डी] उपरोक्त में से कोई नहीं

100] एक चालक में विकसित ऊष्मा किसके समानुपाती होती है...

ए] शक्ति का वर्ग

बी] प्रतिरोध का वर्ग

C] धाराकावर्ग

डी] समय का वर्ग

101] नीचे दिए गए चार धातु/मिश्र धातुओं में से, तापमान परिवर्तन के प्रतिरोध में लगभग कोई बदलाव नहीं आया है...

एक निकेल

बी] नाइक्रोम

सी] प्लेटिनम

डी] मैंगनीन

102] वह पदार्थ जो चुम्बक द्वारा थोड़ा प्रतिकर्षित किया जाता है, कहलाता है...

ए] चुंबकीय

बी] पैरामैग्नेटिक

सी] प्रतिचुंबकीय

डी] लौहचुंबकीय

103] वह पदार्थ जिसे बहुत ही कम चुम्बकित किया जा सकता है, कहलाता है...

ए] चुंबकीय

बी] पैरामैग्नेटिक

सी] प्रतिचुंबकीय

डी] लौहचुंबकीय

104] वे पदार्थ जिन्हें आसानी से चुम्बकित किया जा सकता है और बहुत मजबूत चुम्बक बना सकते हैं, कहलाते हैं...

ए] लौहचुंबकीय

बी] प्रतिचुंबकीय

सी] पैरामैग्नेटिक

डी] स्थायी चुंबकीय

105] एक पदार्थ जिसमें उच्च प्रतिधारण क्षमता होती है, का उपयोग किसके निर्माण के लिए किया जा सकता है...

ए] विद्युत चुम्बक

बी] स्थायीचुंबक

सी] अस्थायी चुंबक

डी] पैरामैग्नेट

106] एक पदार्थ जिसमें कम धारण क्षमता होती है, का उपयोग किसके निर्माण के लिए किया जा सकता है...

ए] विद्युतचुम्बक

बी] स्थायी चुंबक

सी] बार चुंबक

डी] पैरामैग्नेट

107] अधिष्ठापन का प्रतीक है...

ए] हो

बी] मैं

सी] ली

डी] एक्स

108] ट्यूब लैंप चोक इसका सबसे अच्छा उदाहरण है...

ए] खुला परिचालित

बी] शॉर्टसर्किट

सी] ग्राउंडेड

डी] तटस्थ रेखा से जुड़ा

109] एक ट्यूब लाइट सर्किट में चोक का प्रारंभिक कार्य है...

ए] प्रारंभिक धारा को सीमित करें

बी] उच्चवोल्टेजप्रेरित

सी] फिलामेंट को गर्म करें

डी] चालू करने के बाद वर्तमान को सीमित करें

110] ट्यूब लाइट सर्किट में चोक का दूसरा कार्य है...

ए] प्रारंभिक धारा को सीमित करें

बी] उच्च वोल्टेज प्रेरित

सी] फिलामेंट को गर्म करें

डी] चालूकरनेकेबादवर्तमानकोसीमितकरें

111] एक तरंग का आवर्त समय 2ms है] आवृत्ति की गणना करें

ए] 50 हर्ट्ज

बी] 5 हट्र्ज

सी] <u>500HZ</u>

डी] 5 किलोहट्र्ज

112] 220 वोल्ट के प्रभावी मान के साथ साइन-वेव का शिखर आयाम कितना बड़ा है?

ए] <u>311 वी</u>

बी] 380 वी

सी] 400 वी

डी] 440 वी

113] पीक-टू-पीक वोल्टेज 99V है] साइन वेव का प्रभावी मान कितना बड़ा है?

ए] 70 वी

बी] 44.5 वी

सी] 49.5 वी

डी] <u>35 वी</u>

114] एक मूविंग कॉइल वाल्टमीटर 10 वी एसी पढ़ता है] प्रभावी वोल्टेज कितना बड़ा है?

एक उच्च

बी] निचला

सी] <u>वही</u>

डी] 10% अधिक

115] एक गतिमान लोहे का एमीटर 10 ए पढ़ता है] दोलन की चरम धारा कितनी बड़ी है?

ए] 7.07 ए

बी] 1.1414ए

सी] 70.7 ए

डी] <u>14.1 ए</u>

116] 10 ओम के प्रतिरोध से 2 एम्पीयर की धारा प्रवाहित होती है] प्रतिरोध में बिखरी शक्ति बराबर होती है...

ए] 20 वाट

बी] 200 वाट

सी] <u>40 वाट</u>

डी] 5 वाट

117] यदि वोल्टेज स्थिर रखते हुए आवृत्ति 50 एचजेड से 100 एचजेड में बदल जाती है, तो आपूर्ति से जुड़ी कॉइल की आगमनात्मक प्रतिक्रिया...

ए] वही रहता है

बी] आधा हो जाओ

C] दुगनाहोजाना

D] 4 गुना हो जाता है

118] समाई इससे प्रभावित नहीं होती...

ए] प्लेट क्षेत्र

बी] प्लेटों के बीच की दूरी

सी] द्वंद्वात्मक सामग्री

डी] आवृत्ति

119] संधारित्र की समाई प्रतिक्रिया भिन्न होती है...

ए] सीधे आवृत्ति के साथ

बी] आवृत्तिकेसाथविपरीत

सी] सीधे लागू वोल्टेज के साथ

डी] लागू वोल्टेज के विपरीत

120] एक संधारित्र ने 3 कूलम्ब आवेश प्राप्त किया जब उस पर 6 वोल्ट लगाए गए] इसकी समाई...

ए] 0.5 फैराड

बी] 3 फराद

सी] 3 फराद

डी] 18 फैराड

121] एक संधारित्र 200 वोल्ट एसी लाइन से जुड़ा है, इसकी न्यूनतम वोल्टेज रेटिंग होनी चाहिए...

ए] 100 वोल्ट

बी] 200 वोल्ट

सी] 300 वोल्ट

डी] 400 वोल्ट

122] एक ओममीटर के साथ संधारित्र का परीक्षण करते समय, मीटर कुछ प्रतिरोध को इंगित करता है] परीक्षण के तहत संधारित्र है...

ए] टपकाहुआ

बी] खुला

सी] अच्छा

डी] लघु

123] एक 80 माइक्रो फैराड संधारित्र के साथ श्रृंखला में जुड़े 40 माइक्रो फैराड संधारित्र की कुल धारिता है...

ए] 26.7 माइक्रोफैराड

बी] 40 माइक्रो फैराड

सी] 60.6 माइक्रो फैराड

डी] 120 माइक्रो फैराड

124] 3 माइक्रो फैराड कैपेसिटर के 1 माइक्रो फैराड कैपेसिटर प्राप्त करने के लिए हमें कनेक्ट करना होगा...

ए] सभी समानांतर में

बी] सभीश्रृंखलामें

सी] 2 श्रृंखला और समानांतर में एक

डी] उपरोक्त में से कोई नहीं

125] आर और सी वाले एसी श्रृंखला सर्किट में संधारित्र के माध्यम से बहने वाली धारा होगी...

ए] वोल्टेज को कम करना

बी] वोल्टेजअग्रणी

सी] वोल्टेज के साथ चरण में

डी] उपरोक्त में से कोई नहीं

126] यदि आरसी श्रृंखला सर्किट में आपूर्ति की आवृत्ति बढ़ा दी जाती है तो कैपेसिटिव रिएक्शन होगा

ए] कम

बी] वृद्धि हुई

सी] कोई प्रभाव नहीं होना

डी] उपरोक्त में से कोई नहीं

127] बिजली कंपनियां पावर फैक्टर में सुधार करने में रुचि रखती हैं

ए] लाइनकरंटकमकरें

बी] मोटर दक्षता में वृद्धि

C] वोल्ट-एम्पीयर बढ़ाएँ

डी] शक्ति में कमी

128] एक संधारित्र कनेक्ट होने पर एसी मोटर लोड के पावर फैक्टर मान को बढ़ाता है...

ए] मोटर के साथ श्रृंखला में

बी] स्टार्टर के साथ श्रृंखला में

सी] मोटरकेसमानांतर

डी] मुख्य घुमावदार के साथ श्रृंखला में

129] आम तौर पर, एक गरमागरम प्रकाश सर्किट का शक्ति कारक है ..

ए] 0

बी] 0.5

सी] 0.707

डी] 1.0

130] जब आरएलसी श्रृंखला सर्किट में करंट को निर्धारित करने के लिए अकेले प्रतिरोध का उपयोग किया जाता है, तो सर्किट होता है...

ए] एक आगमनात्मक सर्किट

बी] एक कैपेसिटिव सर्किट

सी] एक संयोजन सर्किट

डी] एकगुंजयमानसर्किट

131] आगमनात्मक प्रतिक्रिया का सीधा संबंध है..

ए] प्रतिरोध

बी] आवृत्ति

सी] समाई

डी] शक्ति

132] सिंक्रोनस मोटर जब पावर फैक्टर में सुधार के लिए इस्तेमाल किया जाना चाहिए...

ए] उत्साहित के तहत

बी] अतिउत्साहित

सी] भरी हुई

डी] बिना किसी भार के चल रहा है

133] एक RL समानांतर परिपथ में, कुल धारा के विरोध को कहा जाता है...

ए] प्रतिक्रिया

बी] प्रतिरोध

सी] एक वेक्टर योग

डी] प्रतिबाधा

134] एसी समानांतर आरएल सर्किट में, बिजली पर समाप्त हो जाती है

ए] प्रतिबाधा

बी] प्रतिरोध

सी] अधिष्ठापन

डी] समाई

135] कार्बन जिंक सेल का नाममात्र आउटपुट वोल्टेज कितना है?

ए] 12वी

बी] 1.5V

सी] 2.0 वी

डी] 2.2 वी

136] सेल श्रृंखला में जुड़े हुए हैं ..

ए] आउटपुटवोल्टेजबढ़ाएं

बी] आउटपुट वोल्टेज घटाता है

सी] आंतरिक प्रतिरोध कम करें

डी] वर्तमान क्षमता में वृद्धि

54137 कनेक्टेड इन

एक श्रृंखला

बी] समानांतर

सी] श्रृंखला-समानांतर

डी] समानांतर-श्रृंखला

138] एक सेल की क्षमता को में मापा जाता है

ए] वाट-घंटा

बी] वाट

सी] एम्पीयर

डी] एम्पीयर-घंटा

139] सबसे कम शेल्फ लाइफ वाली प्राथमिक सेल है

ए] कार्बन - जिंक

बी] क्षारीय

सी] पारा

डी] लिथियम

140] वह सेल जिसमें दिए गए वजन या आयतन के लिए बहुत अधिक ऊर्जा घनत्व होता है

ए] कार्बन-जिंक

बी] क्षारीय

सी] पारा

डी] लिथियम

141] एक 100-आह क्षमता की बैटरी को लगभग 8 ए का करंट देना चाहिए...

ए] 12 घंटे

बी] 8 घंटे

सी] 20 घंटे

डी] 100 एच

142] जब बैटरी को लंबे समय तक निष्क्रिय रखने की आवश्यकता होती है...

ए] बैटरी को ओवरचार्ज करें

बी] इलेक्ट्रोलाइट हटा दें

ग) प्लेटों को आसुत जल से साफ करें

डी] <u>उन्हेंसुखाएंऔरबैटरीकोठंडीसूखीसाफजगहपरस्टोरकरें</u>

143] निकेल आयरन सेल के सक्रिय पदार्थ हैं...

ए] निकल हाइड्रॉक्साइड

बी] चूर्ण लोहा और उसके ऑक्साइड

C] कास्टिक पोटाश का 21% घोल

डी] <u>उपरोक्तसभीसामग्री</u>

144] सेल की क्षमता को में मापा जाता है

ए] वाट घंटा

बी] वाट

सी] एम्पीयर

डी] <u>एम्पीयर-घंटा</u>

145] सेकेंडरी सेल को चार्ज करने के लिए इस्तेमाल किया जाने वाला सिस्टम है

ए] कम वोल्टेज एसी

बी] उच्च वोल्टेज एसी

सी] एसी

डी] <u>डीसी</u>

146] एक सामान्य औद्योगिक आपूर्ति प्रणाली में चरणों की संख्या कितनी होती है?

एक

बी] <u>तीन</u>

सी] चार

डी] दो

147] एक 3 फेज स्टार कनेक्टेड अल्टरनेटर में, कॉइल्स का फेज अंतर होता है...

ए] <u>120◦</u>

बी] 240◦

सी] 60◦

डी] 360◦

148] डेल्टा कनेक्शन का उपयोग किया जाता है निम्नलिखित में से कोई नहीं

ए] ट्रांसमिशन लाइन ट्रांसफार्मर का प्राथमिक

बी] अल्टरनेटर वाइंडिंग

सी] वितरण ट्रांसफार्मर के माध्यमिक

डी] <u>वितरणट्रांसफार्मरकाप्राथमिक</u>

149] 3-फेज असंतुलित भार प्रणाली में शक्ति को मापने के लिए किस विधि का उपयोग किया जा सकता है?

ए] एक वाटमीटर विधि

बी] टोवाटमीटरविधि

सी] तीन वाटमीटर विधि

डी] तीन एमीटर विधि

150] तीन चरण, 3 तार प्रणाली में 3-हैज़ पावर को मापने के लिए दो वाटमीटर का उपयोग किया जा सकता है...

ए] संतुलित भार

बी] असंतुलित भार

सी] संतुलितऔरअसंतुलितभार

डी] संतुलित भार से बाहर

151] एक सिंगल वाटमीटर का उपयोग 3-चरण प्रणाली में शक्ति को मापने के लिए तभी किया जा सकता है जब भार हो..

ए] संतुलित

बी] असंतुलित

सी] संतुलित और असंतुलित भार

डी] निरंतर

152] एक संकेतक यंत्र में सूचक की गति उत्पन्न करने वाले बल को कहा जाता है...

ए] विक्षेपणबल

बी] नियंत्रण बल

सी] भिगोना बल

डी] विचलित करने वाला बल

153] एक स्थायी चुंबक गतिमान कुंडल यंत्र पढ़ेगा...

ए] केवल एसी मात्रा

बी] केवलडीसीमात्रा

सी] एसी और डीसी मात्रा दोनों

डी] स्पंदन मात्रा

154] गुरुत्वाकर्षण नियंत्रण का उपयोग करने वाला एक उपकरण सही ढंग से पढ़ेगा यदि इसका उपयोग किया जाता है ..

ए] केवललंबवतस्थिति

बी] केवल क्षैतिज स्थिति

सी] झुकाव स्थिति केवल

डी] कोई भी स्थिति

155] स्थायी चुंबक मूविंग कॉइल इंस्ट्रूमेंट में निम्नलिखित में से किस डंपिंग विधि का उपयोग किया जाता है?

ए] हवा भिगोना
बी] द्रव भिगोना
सी] वसंत भिगोना
डी] <u>एड़ीवर्तमानभिगोना</u>

156] मूविंग कॉइल इंस्ट्रूमेंट किसके प्रभाव पर काम करता है...
ए] रासायनिक प्रभाव
बी] ताप प्रभाव
सी] इलेक्ट्रोस्टैटिक प्रभाव
डी] <u>विद्युतचुम्बकीयप्रभाव</u>

157] विद्युत ऊर्जा मापने के लिए आपके घर में लगाया गया मीटर किसका उदाहरण है...
ए] संकेत प्रकार उपकरण
बी] रिकॉर्डिंग प्रकार उपकरण
सी] <u>संकेतकेसाथ-साथरिकॉर्डिंगप्रकारकेउपकरण</u>
डी] एकीकृत प्रकार के उपकरण

158]। स्थायी चुंबक के लिए निम्नलिखित में से कौन सी सामग्री पसंद की जाती है?
ए] <u>अलनिको</u>
बी] वाई-मिश्र धातु
सी] सिलिकॉन स्टील
डी] गढ़ा लोहा

159] जिस उपकरण को निरपेक्ष साधन के रूप में वर्गीकृत किया जा सकता है, वह है...
ए] मिली एमीटर
बी] माइक्रो एमीटर
सी] गैल्वेनोमीटर
डी] <u>स्पर्शरेखागैल्वेनोमेर</u>

160] गतिमान लोहे के उपकरण में आमतौर पर भिगोने की निम्नलिखित में से कौन सी विधि का उपयोग किया जाता है?
ए] <u>एयरडंपिंग</u>
बी] द्रव भिगोना
सी] एड़ी वर्तमान भिगोना
डी] चिपचिपापन भिगोना

161] एक गतिमान लोहे के उपकरण का विक्षेपक बलाघूर्ण सीधे आनुपातिक होता है ..
एक लहर
B] <u>धाराकावर्ग</u>

C] धारा का वर्गमूल

डी] वोल्टेज

162]निम्नलिखित में से किसका उपयोग सीधे माध्यम प्रतिरोध को मापने के लिए किया जाता है?

ए] एमीटर

बी] मेगर

सी] ओममीटर

डी] वाल्टमीटर

163] एक ओममीटर का उपयोग मापने के लिए किया जाता है...

ए] इन्सुलेशन प्रतिरोध

बी] प्रतिरोध

सी] वर्तमान

डी] संभावित अंतर

164] निम्नलिखित में से कौन सा घटक ओममीटर का हिस्सा नहीं है?

ए] निश्चित प्रतिरोधी

बी] परिवर्तनीय प्रतिरोधी

सी] संधारित्र

डी] बैटरी

165] शंट ओममीटर में, अधिकतम विक्षेपण दर्शाता है ..

ए] अधिकतमप्रतिरोध

बी] न्यूनतम प्रतिरोध

सी] मेगर में एक गलती

डी] इनमें से कोई नहीं

166]। एक अज्ञात डीसी वोल्टेज को मापा जाना है, आप पहले किस मापने की सीमा का चयन करेंगे?

ए] 500V

बी] 50V

सी] 1.5 वी

डी] 0.5V

167]। माइक्रो एम्पीयर रेटिंग की एक अज्ञात प्रत्यक्ष धारा को मापा जाना है, आप पहले किस माप सीमा का चयन करेंगे?

ए] 20 माइक्रो amp

बी] 15 माइक्रो amp

सी] 150 माइक्रो amp

डी] <u>500 माइक्रो amp</u>

168] एक मल्टीमीटर माप नहीं सकता...

एक लहर

बी] संभावित अंतर

सी] सी <u>क्षमता</u>

डी] प्रतिरोध

169] डायनेमोमीटर प्रकार के मीटर का उपयोग मापने के लिए किया जाता है...

ए] केवल एसी मात्रा

बी] <u>केवलडीसीमात्रा</u>

सी] एसी और डीसी दोनों

डी] केवल एसी को स्पंदित करना

170] वाटमीटर में किस प्रभाव का प्रयोग किया जाता है?

ए] <u>इलेक्ट्रोडायनामिकप्रभाव</u>

बी] थर्मल प्रभाव

सी] रासायनिक प्रभाव

डी] इलेक्ट्रोस्टैटिक प्रभाव

171] नीचे सूचीबद्ध उपकरणों में से कौन एसी और डीसी दोनों में वाटमीटर के रूप में कुशलता से काम करता है?

ए] पीएमएमसी साधन

बी] <u>डायनेमोमीटरउपकरण</u>

सी] गर्म तार उपकरण

डी] एमआई उपकरण

172] इलेक्ट्रोडायनामिक प्रकार के उपकरण आमतौर पर माप के लिए उपयोग किए जाते हैं...

ए] वोल्टेज

बी] वर्तमान

सी] प्रतिरोध डी]

173] जब ऊर्जा मीटर के फेज और न्यूट्रल को आपस में बदल दिया जाता है, तो इसकी डिस्क...

ए] <u>विपरीतदिशामेंघूमताहै</u>

बी] सही दिशा में घूमता है

सी] रुक जाएगा

डी] धीरे-धीरे घूमता है

ई] उच्च गति से घूमता है

174] जब ऊर्जा मीटर की डिस्क बिना किसी लोड को जोड़े भी घूम रही हो, तो त्रुटि कहलाती है

ए] रेंगनेवालीत्रुटि

बी] चरण त्रुटि

सी] घर्षण त्रुटि

डी] तापमान त्रुटि

175] एसी सिंगल फेज एनर्जी मीटर की इकाई में ऊर्जा रिकॉर्ड करते हैं...

ए] किलोवाटघंटे

बी] हजारों डिस्क रोटेशन की संख्या

सी] वोल्ट एम्पीयर

डी] किलो वोल्ट एम्पीयर

176] एक मेगर प्रतिरोध को मापता है...

ए] ओहम्सो

बी] सैकड़ों ओम

सी] हजारों ओम

डी] लाखोंओम

177] एक मेगर को विशेष रूप से मापने के लिए डिज़ाइन किया गया है।

ए] बहुतउच्चप्रतिरोध

बी] बहुत कम प्रतिरोध

सी] बिजली लाइनों में जमीनी दोष

डी] डीसी मोटर्स पर अधिक भार

178] पाइप अर्थिंग के लिए स्टील पाइप के जस्ती लोहे के न्यूनतम आंतरिक व्यास की आवश्यकता है...

ए] 12.5 मिमी

बी] 16 मिमी

सी] 3.5 मिमी

डी] 4 एम

179] पृथ्वी कंडक्टर जमीन के लिए एक मार्ग प्रदान करता है ..

ए] लीकेजकरंट

बी] वर्तमान से अधिक

सी] उच्च वोल्टेज

डी] सर्किट वर्तमान

180] यदि सर्किट कॉपर कंडक्टर का आकार 10 वर्ग-मिमी है तो जीआई में पृथ्वी कंडक्टर का आकार] तार होना चाहिए...

ए] 1.5 वर्ग मिमी

बी] 2.5 वर्ग मिमी

सी] 5 वर्गमिमी

डी] 10 वर्ग मिमी

181] एक कैलोरी बराबर होती है,,,

ए] 4187 जूल

बी] 418.7 जूल

सी] 41.87 जूल

डी] 4.187 जूल

182] नंगे हीटिंग तत्व के साथ विद्युत स्टोव की ऑपरेटिंग तापमान सीमा है...

ए] 300◦ से 400◦C

बी] 500◦ से 600◦C

सी] 550◦ से 900◦C

डी] 1100◦ से 1300◦C

183] कौन सा उपकरण विद्युत धारा के ताप प्रभाव पर कार्य करता है?

ए] गरमागरम दीपक

बी] द्विधातु थर्मोस्टेट

सी] एचआरसी फ्यूज

डी] टोस्टर

184] 500◦C पर 1000 वाट, 230V हीटर के ताप तत्व के लिए नाइक्रोम तार का आकार क्या है?

ए] 18 एसडब्ल्यूजी

बी] 20 एसडब्ल्यूजी

सी] 24 एसडब्ल्यूजी

डी] 25 एसडब्ल्यूजी

185] हीटर बेस के लिए उपयोग की जाने वाली हीट प्रूफ इंसुलेटिंग सामग्री है...

ए] अभ्रक

बी] चीनीमिट्टीकेबरतन

सी] अभ्रक

डी] कांच ऊन

186]। एक स्वचालित बिजली के लोहे का तापमान विनियमन घटक है...

ए] हीटिंग तत्व

बी] थर्मोस्टेट

सी] एकमात्र प्लेट

डी] दबाव प्लेट

187]। ब्रेड टोस्टिंग क्षेत्र का तापमान लगभग...

ए] 400◦सी

बी] 800◦सी

सी] 260◦सी

डी] 975◦सी

188] यदि कोई वाइंडिंग मिक्सर मोटर के मेटल केस के साथ विद्युत संपर्क बनाती है तो वाइंडिंग...

ए] ग्राउंडेड

बी] खुला परिचालित

सी] शॉर्ट सर्किट

डी] ढीला जुड़ा हुआ

189] यदि रोटर का अंतिम शाफ्ट नीला हो जाता है, तो यह इस बात का संकेत है कि...

ए] स्कोरिंग

बी] ओवरहीटिंग

सी] ठंड

डी] बुरिंग

190] खाद्य मिक्सर में किस प्रकार की मोटर का उपयोग किया जाता है?

ए] डीसी शंट मोटर

बी] यूनिवर्सलमोटर

सी] कैपेसिटर स्टार्ट मोटर

डी] कैपेसिटर स्टार्ट और रन मोटर

191] अधिकांश मिक्सर में मोटर किस स्थिति में लगी होती है?

ए] लंबवत

बी] क्षैतिज

सी] झुका हुआ

डी] समानांतर

1. केबल के लिए इंसुलेटिंग सामग्री होनी चाहिए

(ए) कम लागत

(बी) उच्च ढांकता हुआ ताकत

(सी) उच्च यांत्रिक शक्ति

(डी) उपरोक्तसभी

2. निम्नलिखित में से कौन एक केबल को यांत्रिक क्षति से बचाता है ?

(ए) बिस्तर

(बी) म्यान

(सी) आर्मरिंग

(डी) उपरोक्त में से कोई नहीं

3. निम्नलिखित में से किस इन्सुलेशन का उपयोग केबलों में किया जाता है?

(ए) वार्निश कैम्ब्रिक

(बी) रबड़

(सी) पेपर

(डी) उपरोक्तमेंसेकोईभी

4. एम्पायर टेप है

(ए) वार्निशकैम्ब्रिक

(बी) वल्केनाइज्ड रबर

(सी) गर्भवती कागज

(डी) उपरोक्त में से कोई नहीं

5. केबल्स में कंडक्टर पर इन्सुलेशन की परत की मोटाई निर्भर करती है

(ए) प्रतिक्रियाशील शक्ति

(बी) पावर फैक्टर

(सी) वोल्टेज

(डी) वर्तमान वहन क्षमता

6. एक केबल पर बिस्तर के होते हैं

(ए) हेसियन कपड़ा

(बी) जूट

(सी) उपरोक्तमेंसेकोईभी

(डी) उपरोक्त में से कोई नहीं

7. केबलों के लिए इन्सुलेट सामग्री चाहिए

(ए) एसिड सबूत हो

(बी) गैर ज्वलनशील हो

(सी) गैर-हीड्रोस्कोपिक हो

(डी) उपरोक्तसभीगुणहैं

8. धात्विक आवरण के ठीक ऊपर एक केबल में ______ दिया जाता है।

(ए) अर्थिंग कनेक्शन

(बी) बिस्तर

(सी) कवच

(डी) उपरोक्त में से कोई नहीं

9. डीसी में केबलों की करंट ले जाने की क्षमता एसी की तुलना में अधिक होती है, जिसका मुख्य कारण

(ए) हार्मोनिक्स की अनुपस्थिति

(बी) किसी भी स्थिरता सीमा की गैर-मौजूदगी

(सी) छोटेढांकताहुआनुकसान

(डी) तरंगों की अनुपस्थिति

(ई) उपरोक्त में से कोई नहीं

10. थ्री कोर फ्लेक्सिबल केबल के मामले में न्यूट्रल का रंग है

(ए) नीला

(बी) काला

(सी) भूरा

(डी) उपरोक्त में से कोई नहीं

132 केवी लाइनों के लिए 11 केबल का उपयोग किया जाता है।

(ए) उच्च तनाव

(बी) सुपर तनाव

(सी) अतिरिक्त उच्च तनाव

(डी) अतिरिक्तसुपरवोल्टेज

12. नाली के पाइपों का प्रयोग सामान्यतः ______ केबलों की सुरक्षा के लिए किया जाता है।

(ए) बिनाढकेकेबल

(बी) बख्तरबंद

(सी) पीवीसी शीथेड केबल्स

(D। उपरोक्त सभी

13. एक केबल में न्यूनतम परावैद्युत प्रतिबल है

(ए) कवच

(बी) बिस्तर

(सी) कंडक्टर सतह

(डी) लीडम्यान

14. सिंगल कोर केबल्स में आर्मरिंग नहीं किया जाता है

(ए) अत्यधिकम्याननुकसानसेबचें

(बी) इसे लचीला बनाएं

(सी) उपरोक्त में से कोई भी

(डी) उपरोक्त में से कोई नहीं

15. रबर की परावैद्युत शक्ति लगभग होती है

(ए) 5 केवी / मिमी
(बी) 15 केवी / मिमी
(सी) 30 केवी / मिमी
(डी) 200 केवी / मिमी

16. लो टेंशन केबल का उपयोग आमतौर पर तक किया जाता है
(ए) 200 वी
(बी) 500 वी
(सी) 700 वी
(डी) 1000 वी

17. एक केबल में, ऑपरेटिंग परिस्थितियों में अधिकतम तनाव होता है
(ए) इन्सुलेशन परत
(बी) म्यान
(सी) कवच
(डी) कंडक्टरसतह

18. उच्च तनाव केबल्स आमतौर पर तक उपयोग किए जाते हैं
(ए) 11 केवी
(बी) 33kV
(सी) 66 केवी
(डी) 132 केवी

19. केबल का उछाल प्रतिरोध है
(ए) 5 ओम
(बी) 20 ओम
(सी) 50 ओम
(डी) 100 ओम

20. पीवीसी का अर्थ है
(ए) पॉलीविनाइलक्लोराइड
(बी) पोस्ट वार्निश कंडक्टर
(सी) दबाया और वार्निश कपड़ा
(डी) सकारात्मक वोल्टेज कंडक्टर

21. केबल्स में, आमतौर पर तुलना करके गलती की स्थिति का पता लगाया जाता है
(ए) कंडक्टर का प्रतिरोध
(बी) कंडक्टरों का अधिष्ठापन
(सी) इन्सुलेटेडकंडक्टरकीक्षमता
(डी) सभी उपरोक्त पैरामीटर

22. केबल्स की कैपेसिटेंस ग्रेडिंग में हम एक _______ डाइइलेक्ट्रिक का उपयोग करते हैं।

(ए) <u>समग्र</u>

(बी) झरझरा

(सी) सजातीय

(डी) हीड्रोस्कोपिक

23. दबाव केबल्स का आमतौर पर उपयोग नहीं किया जाता है

(ए) 11 केवी

(बी) 33 केवी

(सी) <u>66 केवी</u>

(डी) 132 केवी

24. केबल पर आर्मरिंग के लिए सामग्री आमतौर पर होती है

(ए) स्टील टेप

(बी) गैल्वेनाइज्ड स्टील वायर

(सी) <u>उपरोक्तमेंसेकोईभी</u>

(डी) उपरोक्त में से कोई नहीं

25. आमतौर पर 66 केवी से अधिक उपयोग किए जाने वाले केबल्स हैं

(ए) <u>तेलभरा</u>

(बी) एसएल प्रकार

(सी) बेल्ट

(डी) बख्तरबंद

26. रबर की आपेक्षिक पारगम्यता है

(ए) <u>2 और 3 . केबीच</u>

(बी) 5 और 6 . के बीच

(सी) 8 और 10 . के बीच

(डी) 12 और 14 . के बीच

27. ठोस प्रकार के केबलों को 66 kV से अधिक अविश्वसनीय माना जाता है क्योंकि

(ए) उच्च तापमान के कारण इन्सुलेशन पिघल सकता है

(बी) कंडक्टर पर त्वचा का प्रभाव हावी है

(सी) कंडक्टर और म्यान सामग्री के बीच कोरोना नुकसान की

(डी) <u>रिक्तियोंकीउपस्थितिकेकारणइन्सुलेशनकेटूटनेकाखतराहै</u>

28. यदि किसी केबल की लंबाई दोगुनी कर दी जाए, तो उसकी धारिता

(ए) एक चौथाई हो जाता है

(बी) आधा . हो जाता है

(सी) डबलहोजाताहै
(डी) अपरिवर्तित रहता है
29. केबलों में चार्जिंग करंट
(ए) वोल्टेज को 90 डिग्री से पीछे कर देता है
(बी) वोल्टेजको 90 डिग्रीसेल्सियसतकलेजाताहै
(c) वोल्टेज को 180° . से पीछे कर देता है
(डी) वोल्टेज को 180 डिग्री सेल्सियस तक ले जाता है
30. एक निश्चित केबल में सापेक्ष पारगम्यता का इन्सुलेशन होता है। यदि इन्सुलेशन
है
सापेक्ष पारगम्यता 2 में से एक द्वारा प्रतिस्थापित, केबल की समाई बन जाएगी
(ए) एकआधा
(6) डबल
(सी) चार बार
(डी) उपरोक्त में से कोई नहीं
31. यदि सजातीय इन्सुलेशन के केबल का अधिकतम तनाव 10 kV/mm है,
तो इन्सुलेशन की ढांकता हुआ ताकत होनी चाहिए
(ए) 5 केवी / मिमी
(बी) 10 केवी / मिमी
(सी) 15 केवी / मिमी
(डी) 30 केवी / मिमी
32. केबल्स में, शीथ का उपयोग किया जाता है
(ए) नमीकोकेबलमेंप्रवेशकरनेसेरोकें
(बी) पर्याप्त ताकत प्रदान करें
(ई) उचित इन्सुलेशन प्रदान करें
(डी) उपरोक्त में से कोई नहीं
33. केबल्स में इंटरशीथ का उपयोग किया जाता है
(ए) तनाव को कम करें
(बी) अच्छे इन्सुलेशन की आवश्यकता से बचें
(सी) उचिततनाववितरणप्रदानकरें
(डी) उपरोक्त में से कोई नहीं
34. भूमिगत केबल्स में इलेक्ट्रोस्टैटिक तनाव है
(ए) कंडक्टर और म्यान पर समान
(बी) कंडक्टर पर न्यूनतम और म्यान पर अधिकतम
(सी) कंडक्टरपरअधिकतमऔरम्यानपरन्यूनतम

(डी) कंडक्टर के साथ-साथ म्यान पर शून्य
(ई) उपरोक्त में से कोई नहीं

35. केबल के इन्सुलेशन के टूटने से आर्थिक रूप से बचा जा सकता है का उपयोग
(ए) अंतर-म्यान
(बी) विभिन्न ढांकता हुआ स्थिरांक के साथ इन्सुलेट सामग्री
(सी) दोनों (ए) और (बी)
(डी) उपरोक्त में से कोई नहीं

36. केबल का इंसुलेशन किसके साथ घटता है
(ए) इन्सुलेशनकीलंबाईमेंवृद्धि
(बी) इन्सुलेशन की लंबाई में कमी
(सी) या तो (ए) या (बी)
(डी) उपरोक्त में से कोई नहीं

37. प्रत्यावर्ती धारा ले जाने वाली एक केबल में है
(ए) केवल हिस्टैरिसीस नुकसान
(बी) केवलहिस्टैरिसीसऔररिसावनुकसान
(सी) हिस्टैरिसीस, रिसाव और तांबे के नुकसान केवल
(डी) हिस्टैरिसीस, रिसाव, तांबा और घर्षण नुकसान

38. एक केबल में वोल्टेज प्रतिबल अधिकतम होता है
(ए) म्यान
(6) इन्सुलेटर
(ई) कंडक्टर की सतह
(डी) कंडक्टरकाकोर

39. केबल की कैपेसिटेंस ग्रेडिंग का तात्पर्य है
(ए) विभिन्नपारगम्यताकेडाइलेक्ट्रिक्सकाउपयोग
(बी) प्रति किमी लंबाई केबल्स की क्षमता के अनुसार ग्रेडिंग
(सी) विभिन्न सांद्रता में एकल ढांकता हुआ का उपयोग कर केबल
(डी) प्रभाव का मुकाबला करने के लिए अलग-अलग लंबाई में समाई की आवश्यकता होती है
अधिष्ठापन का

40. भूमिगत केबल पर्याप्त गहराई पर बिछाई जाती हैं
(ए) तापमान तनाव को कम करने के लिए
(बी) मिट्टी को हटाने के कारण आसानी से पता लगाने से बचने के लिए
(सी) गैसिंगवाहनोंआदिकेकारणझटकेऔरकंपनकेप्रभावकोकमकरनेकेलिए।

(डी) उपरोक्त सभी कारणों से

41. ओवरहेड ट्रांसमिशन लाइनों पर केबल का लाभ है

(ए) आसान रखरखाव

(बी) कम लागत

(सी) भीड़भाड़वालेक्षेत्रोंमेंइस्तेमालकियाजासकताहै

(डी) उच्च वोल्टेज सर्किट में इस्तेमाल किया जा सकता है

42. केबलों पर धातु के परिरक्षण की मोटाई आमतौर पर होती है

(ए) 0.04 मिमी

(बी) 0.2 से 0.4 मिमी

(ई) 3 से 5 मिमी

(डी) 40 से 60 मिमी

43. 220 केवी लाइनों के लिए केबल अनिवार्य रूप से हैं

(ए) अभ्रक अछूता

(बी) कागज अछूता

(सी) संपीड़िततेलयासंपीड़ितगैसइन्सुलेट

(डी) रबड़ इन्सुलेट

(ई) उपरोक्त में से कोई नहीं

44. क्या एक केबल को 1000 केवी पर उपयोग के लिए डिज़ाइन किया जाना है, आप कौन सा इन्सुलेशन पसंद करेंगे?

(ए) पॉलीविनाइल क्लोराइड

(बी) वल्केनाइज्ड रबर

(सी) गर्भवती कागज

(डी) संपीड़ितएसएफईगैस

45. यदि एक पावर केबल और एक संचार केबल को समानांतर चलाना है तो न्यूनतम हस्तक्षेप से बचने के लिए दोनों के बीच की दूरी होनी चाहिए

(ए) 2 सेमी

(बी) 10 सेमी

(सी) 50 सेमी

(डी) 400 सेमी

46. केबल्स के लिए कंडक्टर के रूप में कॉपर का उपयोग किया जाता है

(ए) annealed

(बी) कठोर और टेम्पर्ड

(सी) कठिन खींच।

(डी) क्रोमियम के साथ मिश्र धातु

47. इन्सुलेट सामग्री में होना चाहिए
(ए) कम पारगम्यता
(बी) उच्च प्रतिरोधकता
(सी) उच्च ढांकता हुआ ताकत
(डी) उपरोक्तसभी

48. तेल से भरे केबल्स का लाभ है
(ए) अधिक सही संसेचन
(बी) छोटे समग्र आकार
(सी) कोई आयनीकरण, ऑक्सीकरण और रिक्तियों का गठन नहीं
(डी) उपरोक्तसभी

49. इन्सुलेट सामग्री के रूप में कागज के साथ नुकसान है
(ए) यहहीड्रोस्कोपिकहै
(6) इसमें उच्च समाई है
(सी) यह एक कार्बनिक पदार्थ है
(डी) उपरोक्त में से कोई नहीं

50. एक केबल का ब्रेकडाउन वोल्टेज निर्भर करता है
(ए) नमी की उपस्थिति
(बी) काम कर रहे तापमान
(सी) वोल्टेज के आवेदन का समय
(डी) उपरोक्तसभी

1. "इलेक्ट्रोड पर मुक्त आयन का द्रव्यमान विद्युत की मात्रा के समानुपाती होता है"। उपरोक्त कथन से सम्बंधित है
(ए) न्यूटन का नियम
(बी) फैराडे का विद्युत चुम्बकीय कानून
(c) फैराडेकाइलेक्ट्रोलिसिसकानियम
(डी) गॉस का कानून

2. किसी पदार्थ के एक ग्राम समतुल्य को मुक्त करने के लिए आवश्यक आवेश को _______ स्थिरांक कहा जाता है
(एक वक़्त
(बी) फैराडेके
(सी) बोल्ट्ज़मैन

3. लेड-एसिड सेल को चार्ज करने के दौरान
(ए) इसकावोल्टेजबढ़ताहै
(बी) यह ऊर्जा देता है

(c) इसका कैथोड डार्क चॉकलेट ब्राउन रंग का हो जाता है

(डी) H_2SO_4 का विशिष्ट गुरुत्व घटता है

4. लेड-एसिड सेल की क्षमता किस पर निर्भर नहीं करती है?

(तापमान

(बी) प्रभारकीदर

(सी) निर्वहन की दर

(डी) सक्रिय सामग्री की मात्रा

5. लीड-एसिड बैटरी के इलेक्ट्रोलाइट के विशिष्ट गुरुत्व को चार्ज करने के दौरान

(ए) बढ़ताहै

(बी) घटता है

(सी) वही रहता है

(डी) शून्य हो जाता है

6. पूरी तरह से चार्ज लेडएसिड बैटरी की सकारात्मक और नकारात्मक प्लेटों पर सक्रिय सामग्री हैं

(ए) सीसा और सीसा पेरोक्साइड

(बी) लेड सल्फेट और लेड

(सी) सीसापेरोक्साइडऔरसीसा

(डी) उपरोक्त में से कोई नहीं

7. जब एक लेड-एसिड बैटरी पूरी तरह से चार्ज की स्थिति में होती है, तो उसके धनात्मक का रंग

प्लेट है

(ए) गहरा भूरा

(बी) भूरा

(सी) गहराभूरा

(डी) उपरोक्त में से कोई नहीं

8. निकल-लौह बैटरी की सक्रिय सामग्री हैं

(ए) निकल हाइड्रॉक्साइड

(6) चूर्ण लोहा और उसका ऑक्साइड

(सी) केओएच का 21% समाधान

(डी) उपरोक्तसभी

9. एक लेड-एसिड सेल की एम्पीयर-घंटे की दक्षता और वाट-घंटे की दक्षता का अनुपात है

(ए) सिर्फ एक

(बी) हमेशाएकसेबड़ा

(सी) हमेशा एक से कम

(डी) उपरोक्त में से कोई नहीं।

10. लेड-एसिड बैटरी पर आवेश की स्थिति के बारे में सबसे अच्छा संकेत किसके द्वारा दिया जाता है

(ए) आउटपुट वोल्टेज

(बी) इलेक्ट्रोलाइट का तापमान

(सी) इलेक्ट्रोलाइटकीविशिष्टगुरुत्व

(डी) उपरोक्त में से कोई नहीं

11. आमतौर पर इलेक्ट्रिक पावर स्टेशन में उपयोग की जाने वाली स्टोरेज बैटरी है

(ए) निकल-कैडमियम बैटरी

(बी) जिंक-कार्बन बैटरी

(सी) लीड-एसिडबैटरी

(डी) उपरोक्त में से कोई नहीं

12. चार्जर का आउटपुट वोल्टेज है

(ए) बैटरी वोल्टेज से कम

(बी) बैटरीवोल्टेजसेअधिक

(सी) बैटरी वोल्टेज के समान

(डी) उपरोक्त में से कोई नहीं

13. कोशिकाओं को क्रम में क्रम से जोड़ा जाता है

(ए) वोल्टेजरेटिंगबढ़ाएं

(6) वर्तमान रेटिंग बढ़ाएँ

(सी) कोशिकाओं के जीवन में वृद्धि

(डी) उपरोक्त में से कोई नहीं

14. पांच 2 वी सेल समानांतर में जुड़े हुए हैं। आउटपुट वोल्टेज है

(ए) 1 वी

(6) 1.5 वी

(सी) 1.75 वी

(डी) 2 वी

15. बैटरी की क्षमता को के रूप में व्यक्त किया जाता है

(ए) वर्तमान रेटिंग

(बी) वोल्टेज रेटिंग

(सी) एम्पीयर-घंटेरेटिंग

(डी) उपरोक्त में से कोई नहीं

16. निकल-लौह सेल के चार्जिंग और डिस्चार्जिंग के दौरान

(ए) संक्षारक धुएं का उत्पादन होता है

(बी) <u>पानीनतोबनताहैऔरनहीअवशोषितहोताहै</u>

(सी) निकल हाइड्रॉक्साइड अविभाजित रहता है

(डी) इसका ईएमएफ स्थिर रहता है

17. निरंतर-वर्तमान प्रणाली की तुलना में, लीड एसिड सेल चार्ज करने की निरंतर-वोल्टेज प्रणाली का लाभ होता है

(ए) चार्ज करने का समय कम करना

(बी) सेल क्षमता बढ़ाना

(सी) <u>दोनों (ए) और (बी)</u>

(डी) अत्यधिक गैसिंग से बचना

18. एक डेड स्टोरेज बैटरी को किसके द्वारा पुनर्जीवित किया जा सकता है?

(ए) आसुत जल जोड़ना

(6) तथाकथित बैटरी रिस्टोरर जोड़ना

(सी) H2SO4 . की एक खुराक

(डी) <u>उपरोक्तमेंसेकोईनहीं</u>

19. लेड-एसिड सेल की तुलना में, निकेल-आयरन सेल की दक्षता इसके कारण कम होती है

(ए) कॉम्पैक्टनेस

(बी) कम ईएमएफ

(सी) इलेक्ट्रोलाइट की छोटी मात्रा का इस्तेमाल किया

(डी) <u>उच्चआंतरिकप्रतिरोध</u>

20. स्टोरेज बैटरी की ट्रिकल चार्जिंग से मदद मिलती है

(ए) उचित इलेक्ट्रोलाइट स्तर बनाए रखें

(बी) अपनी आरक्षित क्षमता में वृद्धि

(सी) सल्फेशन को रोकें

(डी) <u>इसेताजाऔरपूरीतरहचार्जरखें</u>

21. कोशिका के वे पदार्थ जो रासायनिक संयोजन में सक्रिय भाग लेते हैं और इसलिए चार्जिंग या डिस्चार्जिंग के दौरान बिजली उत्पन्न करते हैं, _______ सामग्री के रूप में जाने जाते हैं।

(ए) निष्क्रिय

(बी) <u>सक्रिय</u>

(सी) अनावश्यक

(डी) जड़ता

22. एक लेड-एसिड सेल में तनु सल्फ्यूरिक एसिड (इलेक्ट्रोलाइट) में लगभग निम्नलिखित शामिल होते हैं:

(ए) एक भाग H2O, तीन भाग H2SO4

(बी) दो भाग H2O, दो भाग H2SO4

(c) तीनभाग H2O, एकभाग H2SO4

(डी) सभी एच2एस04

23. यह देखा गया है कि ड्यूरम चार्जिंग

(ए) वोल्टेज में वृद्धि हुई है

(बी) ऊर्जा सेल द्वारा अवशोषित होती है

(सी) H2SO4 का विशिष्ट गुरुत्व बढ़ जाता है

(डी) उपरोक्तसभी

24. यह देखा गया है कि निर्वहन के दौरान निम्नलिखित नहीं होता है

(ए) एनोड और कैथोड दोनों बन जाते हैं PbS04

(बी) H2SO4 का विशिष्ट गुरुत्व घटता है

(सी) सेल का वोल्टेज घटता है

(डी) सेलऊर्जाकोअवशोषितकरताहै

25. लेडएसिड सेल की एम्पीयर-घंटे दक्षता सामान्य रूप से के बीच होती है

(ए) 20 से 30%

(बी) 40 से 50%

(सी) 60 से 70%

(डी) 90 से 95%

26. लेड-एसिड सेल की वाट-घंटे की दक्षता के बीच भिन्न होती है

(ए) 25 से 35%

(बी) 40 से 60%

(सी) 70 से 80%

(डी) 90 से 95%

27. लेड-एसिड सेल की क्षमता को में मापा जाता है

(ए) एम्पीयर

(बी) एम्पीयर-घंटे

(सी) वाट

(डी) वाट-घंटे

28. लेड-एसिड सेल की क्षमता निर्भर करती है

(ए) निर्वहन की दर

(बी) तापमान

(सी) इलेक्ट्रोलाइट का घनत्व

(डी) उपरोक्तसभी

29. जब लेड-एसिड सेल पूरी तरह से चार्ज हो जाता है, तो इलेक्ट्रोलाइट ______ रूप धारण कर लेता है

(एक सुस्त

(बी) लाल

(सी) उज्ज्वल

(डी) दूधिया

30. एडिसन सेल का ईएमएफ, जब पूरी तरह से चार्ज होता है, लगभग होता है

(ए) 1.4 वी

(बी) 1 वी

(सी) 0.9 वी

(डी) 0.8 वी

31. क्षार सेल का आंतरिक प्रतिरोध लेड एसिड सेल के लगभग ______ गुना है।

(दो

(बी) तीन

(सी) चार

(डी) पांच

32. क्षार सेल के लिए औसत चार्जिंग वोल्टेज लगभग है

(ए) 1 वी

(बी) 1.2 वी

(सी) 1.7 वी

(डी) 2.1 वी

33. एडिसन सेल की औसतन एम्पियर-घंटे दक्षता लगभग है

(ए) 40%

(बी) 60%

(सी) 70%

(डी) 80%

34. सिल्वर-जिंक बैटरियों की धनात्मक प्लेटों का सक्रिय पदार्थ है

(ए) सिल्वरऑक्साइड

(बी) लीड ऑक्साइड

(सी) लीड

(डी) जिंक पाउडर

35. लेड-एसिड सेल में लगभग चार्ज और डिस्चार्ज का जीवन होता है

(ए) 500
(बी) 700
(सी) 1000
(डी) 1250

36. एडिसन कोशिका का जीवन कम से कम होता है
(ए) पांचसाल
(बी) सात साल
(सी) आठ साल
(डी) दस साल

37. लेड-एसिड सेल का आंतरिक प्रतिरोध एडिसन सेल का होता है
(ए) सेकम
(बी) से अधिक
(सी) बराबर
(डी) उपरोक्त में से कोई नहीं

38. एडिसन सेल में प्रयुक्त इलेक्ट्रोलाइट है
(ए) NaOH
(बी) कोह
(सी) एचसी 1
(डी) एचएन03

39. लेड-एसिड सेल में प्रयुक्त इलेक्ट्रोलाइट है
(ए) NaOH
(बी) केवलH2S04
(सी) केवल पानी
(डी) पतला H2SO4

40. एडिसन सेल की ऋणात्मक प्लेट बनी होती है
(ए) तांबा
(बी) लीड
(सी) लोहा
(डी) चांदी ऑक्साइड

41. किसी भी स्टोरेज सेल का ओपन सर्किट वोल्टेज पूरी तरह से निर्भर करता है
(ए) इसके रासायनिक घटक
(बी) इसके इलेक्ट्रोलाइट के बल पर
(सी) इसका तापमान
(डी) उपरोक्तसभी

42. विद्युत अपघट्य का विशिष्ट गुरुत्व किसके द्वारा मापा जाता है?

(ए) मैनोमीटर

(6) एक यांत्रिक गेज

(सी) हाइड्रोमीटर

(डी) साइकोमीटर

43. जब लेड-एसिड सेल के इलेक्ट्रोलाइट का विशिष्ट गुरुत्व 1.1 से 1.15 तक कम हो जाता है, तो सेल में होता है

(ए) चार्ज राज्य

(बी) छुट्टीदेदीराज्य

(सी) दोनों (ए) और (बी)

(डी) सक्रिय राज्य

44. _______ प्रणाली में चार्जिंग करंट को रुक-रुक कर या तो a . पर नियंत्रित किया जाता है

अधिकतम या न्यूनतम मूल्य

(ए) दोदरप्रभारनियंत्रण

(बी) ट्रिकल चार्ज

(सी) फ्लोटिंग चार्ज

(डी) एक बराबर चार्ज

45. ओवर चार्जिंग

(ए) अत्यधिक गैसिंग पैदा करता है

(बी) सक्रिय सामग्री को ढीला करता है

(ई) तापमान को बढ़ाता है जिसके परिणामस्वरूप प्लेटों की बकलिंग होती है

(डी) उपरोक्तसभी

46. अंडरचार्जिंग

(ए) इलेक्ट्रोलाइटकेविशिष्टगुरुत्वकोकमकरताहै

(बी) इलेक्ट्रोलाइट के विशिष्ट गुरुत्व को बढ़ाता है

(सी) अत्यधिक गैसिंग पैदा करता है

(डी) तापमान बढ़ाता है

47. आंतरिक शॉर्ट सर्किट किसके कारण होते हैं

(ए) एक या अधिक विभाजकों का टूटना

(बी) कोशिका के तल पर तलछट का अतिरिक्त संचय

(सी) दोनों (ए) और (बी)

(डी) उपरोक्त में से कोई नहीं

48. सल्फेशन का प्रभाव यह है कि आंतरिक प्रतिरोध

(ए) बढ़ताहै

(बी) घटता है

(सी) वही रहता है

(डी) उपरोक्त में से कोई नहीं

49. प्लेटों की सतह पर लेड सल्फेट का अत्यधिक निर्माण किसके कारण होता है?

(ए) बैटरी को लंबे समय तक डिस्चार्ज की स्थिति में खड़े रहने देना

(बी) इलेक्ट्रोलाइट के साथ टॉपिंग

(सी) लगातार अंडरचार्जिंग

(डी) उपरोक्तसभी

50. वे पदार्थ जो एक साथ मिलकर आवेश के दौरान विद्युत ऊर्जा को संचित करते हैं _______ पदार्थ कहलाते हैं

(ए) सक्रिय

(बी) निष्क्रिय

(सी) जड़ता

(डी) ढांकता हुआ

18] एक माइक्रोमीटर (यू) बराबर है

ए] 01 मिमी

बी] 001 मिमी

सी] 0001 मिमी

डी] 00001 मिमी

19] एक स्लॉट की चौड़ाई को मापने के लिए कैलिपर होता है

ए] अजीब पैर कैलिपर

बी] बाहरी कैलिपर

सी] जेनी कैलिपर

डी] कैलिपरकेअंदर

20] डिवाइडर का आकार ----------- द्वारा निर्दिष्ट किया जाता है

ए] पैरों की कुल लंबाई

बी] पूरी तरह से खुलने पर बिंदुओं के बीच की दूरी

सी] बिना बिंदुओं के पैरों की लंबाई

डी] धुरीऔरबिंदुकेबीचकीदूरी

21] डेटम किनारे के समानांतर समानांतर रेखाओं को चिह्नित करने के लिए इस्तेमाल किया जाने वाला उपकरण है -

ए] जेनीकैलिपर

बी] डिवाइडर

सी] बाहरी कैलिपर
डी] कैलिपर के अंदर
22] निम्नलिखित में से कौन सा एक अप्रत्यक्ष माप उपकरण है?
ए] बाहरीकैलिपर
बी] वर्नियर कैलिपर
सी] स्टील नियम
डी] बाहरी माइक्रोमीटर
23] पतली टयूबिंग काटने के लिए, हैक्सॉ ब्लेड की सबसे उपयुक्त पिच है
ए] 18 मिमी
बी] 14 मिमी
सी] 1 मिमी
डी] 08 मिमी
24] ठोस पीतल काटने के लिए, हैकसॉ ब्लेड की सबसे उपयुक्त पिच है
ए] 18 मिमी
बी] 14 मिमी
सी] 1 मिमी
डी] 08 मिमी
25] कुछ स्ट्रोक के बाद एक नया हैक्सॉ ब्लेड किसके कारण ढीला हो जाता है?
ए] ब्लेडकाखिंचाव
बी] विंग-अखरोट के धागे खराब हो रहे हैं
सी] ब्लेड की गलत पिच
डी] आरी के सेट का अनुचित चयन
26] छोटे व्यास के पाइपों को काटते समय यह सलाह दी जाती है कि नियमित रूप से देखें और सुनिश्चित करें कि
ए] कट घुमावदार रेखा के साथ है
बी] अधिकदेखादांतअनुबंधमेंहैं
सी] काम ज़्यादा गरम नहीं है
डी] हैकसॉ का उचित संतुलन बनाए रखा जाता है
27] वाइस क्लैंप का उपयोग किया जाता है
ए] कठोर जबड़े की रक्षा करें
बी] काम के टुकड़ों को सख्ती से जकड़ें
सी] तैयारसतहोंकीरक्षाकरें
डी] जंगम जबड़े को दाखिल होने से रोकें
28] अंकन के दौरान संदर्भ सतह किसके द्वारा प्रदान की जाती है?

ए] भूतल गेज

बी] वर्कपीस

सी] काम का चित्रण

डी] तालिकाकीसतहकोचिह्नितकरना

29] एक इंजीनियर के वाइस का आकार द्वारा निर्दिष्ट किया जाता है

ए] जंगम जबड़े की लंबाई

बी] जबड़ेकीचौड़ाई

सी] वाइस की ऊंचाई

D] जबड़ों का अधिकतम खुलना

30] यूनिवर्सल सरफेस गेज का वह भाग जो एक डेटम एज के साथ समानांतर रेखा खींचने में मदद करता है, वह है

ए] रॉकर आर्म

बी] सुखद

सी] ठीक समायोजन पेंच

डी] गाइडपिन

31] स्क्राइबर से बने होते हैं

ए] माइल्ड स्टील

बी] उच्चकार्बनस्टील

सी] पीतल

डी] कच्चा लोहा

32] हथौड़े का वह भाग जो हथौड़े को ठीक करने के लिए प्रयोग किया जाता है

एक चेहरा

बी] पीन

सी] गाल

डी] आँखकाछेद

33] अंकन के उद्देश्य के लिए हथौड़े का वजन है

ए] 250g

बी] 500g

सी] 1 किलो

डी] 2 किग्रा

34] डिवाइडर का आकार द्वारा निर्दिष्ट किया जाता है

ए] पैरों की कुल लंबाई

बी] पूरी तरह से खुलने पर बिंदुओं के बीच की दूरी

सी] बिंदुओं के बिना पैरों की लंबाई

डी] धुरीऔरबिंदुकेबीचकीदूरी

35] 'वी' ब्लॉक के खांचे का सम्मिलित कोण हमेशा होता है

ए] 45◦

बी] 60◦

सी] 90◦

डी] 120◦

36] 'वी' ब्लॉक के ग्रेड में उपलब्ध हैं

ए] एऔरबी

बी] ए, बी और सी

सी] 1,2 और 3

डी] 1 और 2

37] ग्रेड 'बी' के 'वी' ब्लॉक के बने होते हैं

ए] कच्चालोहा

बी] हल्के स्टील

सी] स्टील

डी] कास्ट स्टील

38] केंद्र का पता लगाने के लिए इस्तेमाल किए जाने वाले पंच का नाम बताएं

A] प्रिक पंच 30°

B] प्रिक पंच 60°

सी] केंद्रपंच

डी] डॉट पंच

39] सेंटर पंच का पॉइंट एंगल -------- होता है

ए] 30 डिग्री

बी] 50 डिग्री

सी] 900

डी] 1200

40] पंचों का उपयोग किसी भी आकार के ---------- बनाने के लिए किया जाता है

ए] छेद

बी] खनन

सी] नूरलिंग

सपना देखना

41] आम तौर पर वाइस के हैंडल की लंबाई ---------- होती है

ए] वाइस के सामान्य आकार का 15 गुना

बी] वाइसकेसामान्यआकारका 25 गुना

सी] वाइस के सामान्य आकार का 35 गुना

डी] वाइस के सामान्य आकार का 45 गुना

42] बेंच वाइस स्पिंडल का बना होता है

<u>ए] माइल्डस्टील</u>

बी] कच्चा लोहा

सी] टूल स्टील

डी] कांस्य

43] फाइलों की उत्तलता मदद करती है

ए] अवतल सतहों को फाइल करने के लिए

बी] उत्तल सतहों को फाइल करने के लिए

सी] <u>कामकेकिनारोंकोगोलकरनेसेरोकनेकेलिए</u>

D] दबाव डालने पर फाइल सीधी हो जाती है

44] लकड़ी, चमड़ा और अन्य नरम सामग्री भरने के लिए किस फाइल का उपयोग किया जाता है?

ए] सिंगल कट फाइल

बी] डबल कट फ़ाइल

<u>सी] रास्पकटफ़ाइल</u>

डी] घुमावदार कट फ़ाइल

45] प्रयुक्त फाइल का प्रयोग ------------ के लिए किया जाता है

ए] काम के टुकड़े की सफाई

सी] फ़ाइल दांतों का नवीनीकरण

<u>बी] फाइलदांतोंकीसफाई</u>

डी] चिप्स की सफाई

46] फाइल कार्ड का उपयोग -------- के लिए किया जाता है

ए] काम के टुकड़े को साफ करें

सी] फ़ाइल दांत नवीनीकृत करें

<u>बी] फाइलदांतसाफकरें</u>

47] स्क्राइबर का बिंदु कोण ----------- है

ए] 30 डिग्री

बी] 60 डिग्री

सी] 5° से 10°

<u>डी] 12° से 15°</u>

48] कच्चा लोहा काटने के लिए काटने का कोण है

ए] 375◦

बी] 55◦

सी] <u>60◦</u>

डी] 90◦

49] छेनी सामग्री में खोदेगी जब

ए] रेक कोण अधिक है

बी] निकासी कोण बहुत कम है

सी] <u>झुकावकाकोणअधिकहै</u>

डी] झुकाव का कोण बहुत कम है

50] अत्याधुनिक को थोड़ा उत्तलता दी गई है

ए] घुमावदार सतहों को काटें

बी] तेज कोनों को काटें

सी] <u>सिरोंकीखुदाईरोकें</u>

डी] स्नेहक को प्रवेश करने दें

51] सतह की प्लेटें से बनी होती हैं

ए] उच्च ग्रेड कास्ट स्टील

बी] <u>महीनदानेवालाकच्चालोहा</u>

सी] मिश्र धातु स्टील्स

डी] गढ़ा लोहा

52] टेंपर शैंक ड्रिल मशीन पर किसके माध्यम से आयोजित की जाती है?

ए] चक्स

<u>बी] आस्तीन</u>

सी] बहाव

डी] वाइस

53] ड्रिल चक को ड्रिलिंग मशीन स्पिंडल पर a . के माध्यम से फिट किया जाता है

ए] घुमावदार अंगूठी

<u>बी] आर्बोर</u>

सी] बहाव

डी] पिनियन और कुंजी

54] अभ्यास पर प्रदान किया गया मोर्स टेपर के बीच होता है

ए] <u>एमटी 1 सेएमटी 5</u>

बी] मीट्रिक टन 1 से मीट्रिक टन 4

सी] एमटी 0 से एमटी 5

डी] एमटी 0 से एमटी 4

55] एक बहाव का उपयोग के लिए किया जाता है

ए] एक ड्रिल स्थान बनाना

बी] मशीन स्पिंडल पर चक फिक्सिंग

C] टूटी हुई ड्रिल को काम से हटाना

डी] मशीनस्पिंडलसेड्रिलकोहटाना

56] जब ड्रिल का टेंपर शैंक मशीन स्पिंडल से बड़ा होता है, तो ड्रिल को होल्ड करने का उपकरण होता है a

ए] ड्रिल आस्तीन

बी] टेपरसॉकेट

सी] ड्रिल बहाव

डी] चक और कुंजी

57] ड्रिलिंग मशीन में माइल्ड स्टील की ड्रिलिंग के लिए उपयुक्त कटिंग फ्लुइड है

ए] सिंथेटिक घुलनशील तेल

बी] साफ तेल

सी] आसुत जल

डी] घुलनशीलतेल

58] रेडियल ड्रिलिंग मशीन की एक विशेष विशेषता है

ए] इसका उपयोग एचएसएस ड्रिल के साथ ड्रिलिंग के लिए किया जा सकता है

बी] तालिका को किसी भी स्थिति में स्थानांतरित और सेट किया जा सकता है

सी] विभिन्न प्रकार की गति उपलब्ध है

डी] धुरीकोकिसीभीस्थितिमेंलायाजासकताहै

59] अभ्यास का बिंदु कोण निर्भर करता है

ए] ड्रिल का आकार

बी] मशीन का प्रकार

सी] कामकीसामग्री

डी] ड्रिल का आरपीएम

60] एक मानक ड्रिल के लिए बिंदु कोण है

ए] 60◦

बी] 108◦

सी] 118◦

डी] 135◦

61] पेचदार कोण निर्धारित करता है

ए] कटिंग एंगल

बी] कोण चबाना

सी] रेककोण

डी] होंठ कोण

62] ड्रिल का निकासी कोण के बीच है

ए] 3◦ से 5◦

बी] <u>8◦ से 12◦</u>

सी] 12◦ से 20◦

डी] 15◦ से 20◦

63] एक दूरस्थ स्थान में (बिजली उपलब्ध नहीं है) एक रेल ट्रैक को ड्रिल किया जाना है सही ड्रिलिंग मशीन चुनें

ए] रेडियल ड्रिलिंग मशीन

बी] स्तंभ ड्रिलिंग मशीन

सी] <u>शाफ़्टड्रिलिंगमशीन</u>

डी] संवेदनशील ड्रिलिंग मशीन

64] एक बढ़ई द्वारा कैबिनेट बनाने के लिए उपयोग की जाने वाली ड्रिलिंग मशीन है a

ए] शाफ़्ट ड्रिलिंग मशीन

बी] रेडियल ड्रिलिंग मशीन

सी] <u>ब्रेस्टड्रिलिंगमशीन</u>

डी] संवेदनशील ड्रिलिंग मशीन

65] निम्नलिखित में से कौन सी ड्रिलिंग मशीन का उपयोग ड्रिलिंग छेद के लिए किया जाता है जहां बिजली उपलब्ध नहीं होती है?

ए] बेंच ड्रिलिंग मशीन

बी] स्तंभ ड्रिलिंग मशीन

सी] रीडायल ड्रिलिंग मशीन

<u>डी] शाफ़्टड्रिलिंगमशीन</u>

66] निम्नलिखित में से कौन सी ड्रिलिंग मशीन भारी शुल्क के काम के लिए प्रयोग की जाती है?

ए] बेंच ड्रिलिंग मशीन

बी] स्तंभ ड्रिलिंग मशीन

<u>सी] रेडियलड्रिलिंगमशीन</u>

डी] इलेक्ट्रिक हैंड ड्रिलिंग मशीन

67] ड्रिल चक को मशीन के स्पिंडल पर किस माध्यम से रखा जाता है?

<u>ए] आर्बर</u>

बी] बहाव

सी] ड्रा-इन बार

डी] चक अखरोट

68] एक संवेदनशील बेंच ड्रिलिंग मशीन में विभिन्न गतियां प्राप्त की जाती हैं ----

ए] बेल्टचरखीतंत्र

बी] हाइड्रोलिक तंत्र

सी] रैक और पिनियन तंत्र

डी] कैम और अनुयायी तंत्र

69] टैप को पीसकर फिर से तेज किया जाता है -----

ए] हट्स

बी] धागे

सी] व्यास

डी] राहत

70] M10 x 15 के लिए टैपिंग ड्रिल का आकार ---------- है

ए] 82

बी] 83

सी] 84

डी] 85

71] M10XIS के स्क्रू के लिए एक नट बनाना है ड्रिल किए गए छेद का आकार क्या होना चाहिए?

ए] 8-5 मिमी

बी] 90 मिमी

सी] 95 मिमी

डी] 100 मिमी

72] कोण प्लेट के मशीनी भाग पर पसलियों को के लिए दिया जाता है

ए] आसान हैंडलिंग

बी] निर्माण में सुविधा

सी] मशीनों पर सेट करते समय क्लैंपिंग

डी] कठोरताऔरविरूपणकोरोकनेकेलिए

73] कोण प्लेट पर स्लॉट के लिए दिए गए हैं

ए] वजन कम करना

बी] काम को संरेखित करना

सी] हुक का उपयोग करके उठाना

डी] बोल्टकोसमायोजितकरना

74] कोण प्लेटों का आकार द्वारा बताया गया है

भार

बी] लंबाई

सी] लंबाई x चौड़ाई
डी] आकारसंख्या
75] गटर बनाने के लिए, छत की चमक, हुड आदि के लिए
ए] जस्ती लोहा
बी] स्टेनलेस स्टील
सी] कॉपर शीट
डी] धातु की चादरें
76] डेयरियों में खाद्य प्रसंस्करण, रसोई के बर्तन आदि
ए] जस्ती लोहा
बी] स्टेनलेस स्टील
सी] कॉपर शीट
डी] धातु की चादरें
77] बाल्टी, हीटिंग नलिकाएं, अलमारियाँ आदि बनाने के लिए
ए] जस्ती लोहा
बी] स्टेनलेस स्टील
सी] कॉपर शीट
डी] धातु की चादरें
78] कैनरी और रासायनिक संयंत्रों में धातु की चादरें
ए] जस्ती लोहा
बी] स्टेनलेस स्टील
सी] कॉपर शीट
डी] धातु की चादरें
79] चादरों को मोटी प्लेटों में मिलाने के लिए रिवेट्स]
ए] काउंटरसंक हेड
बी] फ्लैट सिर
सी] पैन हेड
डी] मशरूम
80] शीट मेटल में शामिल होने के लिए रिवेट्स]
ए] काउंटरसंक हेड
बी] फ्लैट सिर
सी] पैन हेड
डी] मशरूम
81] भारी निर्माण कार्य के लिए रिवेट्स]
ए] काउंटरसंक हेड

बी] फ्लैट सिर
सी] पैन हेड
डी] मशरूम
82] कीलक के लिए मेटा\ सतह के ऊपर कीलक सिर की ऊंचाई कम कर देता है
ए] काउंटरसंक हेड
बी] फ्लैट सिर
सी] पैन हेड
डी] मशरूम
83] आमतौर पर संरचनात्मक कार्य के लिए उपयोग किए जाने वाले रिवेट्स]
ए] काउंटरसंक हेड
बी] फ्लैट सिर
सी] पैन हेड
डी] स्नैप हेड
1. टेस्ला की एक इकाई है
(ए) क्षेत्र की ताकत
(बी) अधिष्ठापन
(सी) प्रवाहघनत्व
(डी) प्रवाह
2. पारगम्य पदार्थ एक होता है
(ए) जो एक अच्छा कंडक्टर है
(6) जो एक बुरा संवाहक है
(सी) जो एक मजबूत चुंबक है
(डी) जिसकेमाध्यमसेबलकीचुंबकीयरेखाएंबहुतआसानीसेगुजरसकतीहैं
3. कम धारण क्षमता वाले पदार्थ बनाने के लिए उपयुक्त होते हैं
(ए) कमजोर चुंबक
(बी) अस्थायीचुंबक
(सी) स्थायी चुंबक
(डी) उपरोक्त में से कोई नहीं
4. एक चुंबकीय क्षेत्र चारों ओर मौजूद है
(ए) लोहा
(बी) तांबा
(सी) एल्यूमीनियम
(डी) चलतीशुल्क
5. फेराइट पदार्थ हैं।

(ए) पैरामैग्नेटिक
(बी) प्रतिचुंबकीय
(सी) लौहचुंबकीय
(डी) उपरोक्त में से कोई नहीं
6. वायु अंतराल में लोहे या इस्पात पथ की तुलना में ________ अनिच्छा होती है
(थोड़ा
(बी) क्रम
(सी) उच्च
(डी) शून्य
7. बल की चुंबकीय रेखाओं की दिशा है
(ए) दक्षिणी ध्रुव से उत्तरी ध्रुव तक
(बी) उत्तरीध्रुवसेदक्षिणीध्रुवतक
(सी) चुंबक के एक छोर से दूसरे छोर तक
(डी) उपरोक्त में से कोई नहीं
8. निम्नलिखित में से कौन एक सदिश राशि है?
(ए) सापेक्ष पारगम्यता
(बी) चुंबकीयक्षेत्रकीतीव्रता
(सी) फ्लक्स घनत्व
(डी) चुंबकीय क्षमता
9. एक ट्रांसमिशन लाइन के दो कंडक्टर बराबर धारा I को विपरीत दिशा में ले जाते हैं निर्देश। प्रत्येक कंडक्टर पर बल है
(ए) 7 . के आनुपातिक
(बी) एक्सकेआनुपातिक
(सी) कंडक्टरों के बीच की दूरी के आनुपातिक
(डी) I . के विपरीत आनुपातिक
10. वह पदार्थ जो चुंबकीय क्षेत्र द्वारा थोड़ा प्रतिकर्षित होता है, कहलाता है
(ए) लौहचुंबकीय सामग्री
(बी) प्रतिचुंबकीयसामग्री
(सी) पैरामैग्नेटिक सामग्री
(डी) सामग्री का संचालन
11. जब लोहे के टुकड़े को चुंबकीय क्षेत्र में रखा जाता है
(ए) जाने के लिए बल की चुंबकीय रेखाएं अपने सामान्य पथ से दूर हो जाएंगी टुकड़े से दूर
(बी) बलकीचुंबकीयरेखाएंअपनेसामान्यपथसेदूरहोजाएंगीताकि

टुकड़ेकेमाध्यमसेगुजरना
(सी) चुंबकीय क्षेत्र प्रभावित नहीं होगा
(डी) लोहे का टुकड़ा टूट जाएगा
12. फ्लेमिंग के बाएं हाथ के नियम का प्रयोग को खोजने के लिए किया जाता है
(ए) वर्तमान ले जाने वाले कंडक्टर के कारण चुंबकीय क्षेत्र की दिशा
(बी) एक परिनालिका में प्रवाह की दिशा
(सी) एकचुंबकीयक्षेत्रमेंवर्तमानलेजानेवालेकंडक्टरपरबलकीदिशा
(डी) एक चुंबकीय ध्रुव की ध्रुवीयता
13. चुम्बकत्व की तीव्रता और चुम्बकत्व बल के अनुपात को क्या कहते हैं?
(ए) प्रवाह घनत्व
(बी) संवेदनशीलता
(सी) सापेक्ष पारगम्यता
(डी) उपरोक्त में से कोई नहीं
14. स्टील को चुंबकित करना सामान्य कठिन है क्योंकि
(ए) यह आसानी से खराब हो जाता है
(6) इसकी उच्च पारगम्यता है
(सी) इसमें उच्च विशिष्ट गुरुत्व है
(डी) इसकीकमपारगम्यताहै
15. बाएँ हाथ का नियम किससे संबंधित है?
(ए) एक कंडक्टर पर वर्तमान, प्रेरित ईएमएफ और बल की दिशा
(बी) चुंबकीय क्षेत्र, विद्युत क्षेत्र और कंडक्टर पर बल की दिशा
(सी) एक कंडक्टर पर आत्म प्रेरण, पारस्परिक प्रेरण और बल की दिशा
(डी) एककंडक्टरपरवर्तमान, चुंबकीयक्षेत्रऔरबलकीदिशा
16. आपेक्षिक पारगम्यता की इकाई है
(ए) हेनरी / मीटर
(बी) हेनरी
(सी) हेनरी / वर्ग। एम
(डी) यहआयामहीनहै
17. लम्बाई L के एक चालक में धारा I प्रवाहित होती है, जब इसे रखा जाता है चुंबकीय क्षेत्र के समानांतर। कंडक्टर द्वारा अनुभव किया गया बल होगा
(ए) शून्य
(बी) बीएलआई
(सी) बी2एलआई
(डी) बीएलआई2

18. दो लंबे समानांतर कंडक्टरों के बीच का बल के व्युत्क्रमानुपाती होता है
(ए) कंडक्टरों की त्रिज्या
(बी) एक कंडक्टर में वर्तमान
(सी) दो कंडक्टरों में वर्तमान का उत्पाद
(डी) कंडक्टरोंकेबीचकीदूरी
19. चुंबकत्व के तेजी से उत्क्रमण के अधीन सामग्री होनी चाहिए
(ए) बड़े क्षेत्र ओआईबी-एच लूप
(बी) उच्चपारगम्यताऔरकमहिस्टैरिसीसनुकसान
(सी) उच्च सह-ऊर्जा और उच्च प्रतिधारण
(डी) उच्च सह-ऊर्जा और कम घनत्व
20. इंगित करें कि निम्नलिखित में से कौन सी सामग्री चुंबकत्व को बरकरार नहीं रखती है

स्थायी रूप से।
(ए) नरमलोहा
(बी) स्टेनलेस स्टील
(ई) कठोर स्टील
(डी) उपरोक्त में से कोई नहीं
21. परमालॉय का मुख्य घटक है
(ए) कोबाल्ट
(बी) क्रोमियम
(सी) निकल
(डी) टंगस्टन
22. स्थायी चुम्बकों का उपयोग है। में नहीं बनाया गया
(ए) मैग्नेटो
(6) ऊर्जा मीटर
(सी) ट्रांसफार्मर
(डी) लाउड-स्पीकर
23. अनुचुम्बकीय पदार्थों में आपेक्षिक पारगम्यता होती है
(ए) एकता से थोड़ा कम
(बी) एकता के बराबर
(सी) एकतासेथोड़ाअधिक
(डी) उस फेरोमैग्नेटिक मेट रियाल के बराबर
25. वे पदार्थ जिनकी पारगम्यता मुक्त स्थान की पारगम्यता से कम होती है
के रूप में जाना जाता है

(ए) लौहचुंबकीय
(बी) पैरामैग्नेटिक
(सी) <u>प्रतिचुंबकीय</u>
(डी) द्विध्रुवी

27. बाएं हाथ के नियम में, तर्जनी हमेशा का प्रतिनिधित्व करती है
(ए) वोल्टेज
(बी) वर्तमान
(सी) <u>चुंबकीयक्षेत्र</u>
(डी) कंडक्टर पर बल की दिशा

28. निम्नलिखित में से कौन लौहचुम्बकीय पदार्थ है ?
(ए) टंगस्टन
(बी) एल्यूमिनियम
(सी) कॉपर
(डी) <u>निकेल</u>

29. फेराइट का एक उपसमूह है
(ए) गैर-चुंबकीय सामग्री
(6) लौह-चुंबकीय सामग्री
(सी) पैरामैग्नेटिक सामग्री
(डी) <u>फेरी-चुंबकीयसामग्री</u>

30. गिल्बर्ट की एक इकाई है
(ए) इलेक्ट्रोमोटिव बल
(बी) <u>मैग्नेटोमोटिवबल</u>
(सी) चालन
(डी) पारगम्यता

51. बिजली की मात्रा के लिए इकाई है
(ए) एम्पीयर-घंटा
(बी) वाट
(सी) जूल
(डी) <u>कूलम्ब</u>

52. बायो-सावर्ट का नियम किसका सामान्य संशोधन है?
(ए) किरचॉफ कानून
(बी) लेनज़ का कानून
(सी) <u>एम्पीयरकाकानून</u>
(डी) फैराडे के कानून

53. नर्म लोहे से चुम्बक बनाने का सबसे प्रभावी और तेज मेय किसके द्वारा है?

(ए) इसेकरंटलेजानेवालीकॉइलकेअंदररखना

(बी) प्रेरण

(सी) स्थायी चुंबक का उपयोग

(डी) दूसरे चुंबक के साथ रगड़ना

54. चुंबकत्व के परिरक्षण या स्क्रीनिंग के लिए आमतौर पर इस्तेमाल की जाने वाली सामग्री है

(ए) तांबा

(बी) एल्यूमीनियम

(सी) नरमलोहा

(डी) पीतल

55. यदि एक तांबे की डिस्क को स्वतंत्र रूप से निलंबित चुंबकीय सुई के नीचे तेजी से घुमाया जाता है,

चुंबकीय सुई एक वेग के साथ घूमना शुरू कर देगी

(ए) डिस्क से कम लेकिन विपरीत दिशा में

(बी) डिस्क के बराबर और उसी दिशा में

(सी) डिस्क के बराबर और विपरीत दिशा में

(डी) डिस्कसेकमऔरएकहीदिशामें

56. एक स्थायी चुंबक

(ए) कुछपदार्थोंकोआकर्षितकरताहैऔरदूसरोंकोपीछेहटाताहै

(बी) सभी अनुचुंबकीय पदार्थों को आकर्षित करता है और दूसरों को पीछे हटाता है

(सी) केवल लौहचुंबकीय पदार्थों को आकर्षित करता है

(डी) फेरोमैग्नेटिक पदार्थों को आकर्षित करता है और अन्य सभी को पीछे हटा देता है

57. सामग्री की अवधारण (एक संपत्ति) के निर्माण के लिए उपयोगी है

(ए) स्थायीचुंबक

(बी) ट्रांसफार्मर

(सी) गैर चुंबकीय पदार्थ

(डी) विद्युत चुंबक

58. सामग्री की सापेक्ष पारगम्यता स्थिर नहीं है।

(ए) प्रतिचुंबकीय

(बी) पैरामैग्नेटिक

(सी) लौहचुंबकीय

(डी) इन्सुलेट

59. सामग्री हवा की तुलना में चुंबकीय प्रवाह के थोड़े अवर संवाहक हैं।

(ए) लौहचुंबकीय

(बी) पैरामैग्नेटिक

(सी) प्रतिचुंबकीय

(डी) ढांकता हुआ

60. चुंबकीय रूप से कठोर सामग्री के मामले में हिस्टैरिसीस लूप आकार में अधिक होता है:

चुंबकीय रूप से नरम सामग्री की तुलना में।

(ए) परिपत्र

(बी) त्रिकोणीय

(सी) आयताकार

(डी) उपरोक्त में से कोई नहीं

61. चुंबकीय क्षण M का एक आयताकार चुंबक उसी के दो टुकड़ों में काटा जाता है लंबाई, प्रत्येक टुकड़े का चुंबकीय क्षण होगा

(पूर्वाह्न

(बी) एम / 2

(सी) 2 एम

(डी) एम / 4

62. एक कीपर का उपयोग किया जाता है

(ए) चुंबकीय रेखाओं की दिशा बदलें

(बी) प्रवाह बढ़ाना

(सी) खोए हुए प्रवाह को बहाल करें

(डी) प्रवाहकेलिएएकबंदपथप्रदानकरें

63. चुंबकीय क्षण a . है

(ए) ध्रुव ताकत

(6) सार्वभौमिक स्थिरांक

(सी) अदिश मात्रा

(डी) वेक्टरमात्रा

64. चुंबकीय क्षेत्र में कंडक्टर के क्रॉस-सेक्शनल क्षेत्र का परिवर्तन प्रभावित करेगा

(ए) कंडक्टर की अनिच्छा

(बी) कंडक्टर का प्रतिरोध

(सी) (ए) और (बी) दोनोंएकहीतरहसे

(डी) उपरोक्त में से कोई नहीं

65. एकसमान चुंबकीय क्षेत्र है

(ए) समानांतर कंडक्टर के एक सेट का क्षेत्र

(बी) एक कंडक्टर का क्षेत्र
(सी) वहक्षेत्रजिसमेंचुंबकीयप्रवाहकीसभीरेखाएंसमानांतरऔरसमानदूरीपरहोतीहैं
(डी) उपरोक्त में से कोई नहीं
66. चुंबक-प्रेरक बल है
(ए) रोमांचक कॉइल के दो सिरों में वोल्टेज
(बी) एक विद्युत प्रवाह का प्रवाह
(सी) चुंबकीयक्षेत्रकीएकपंक्तिद्वाराग्रहणकीगईसभीधाराओंकायोग
(डी) एक रोमांचक कुंडल के माध्यम से चुंबकीय क्षेत्र का मार्ग
91. निम्नलिखित में से किस सामग्री के लिए संतृप्ति मूल्य सबसे अधिक है?
(ए) फेरोमैग्नेटिक सामग्री
(6) अनुचुंबकीय पदार्थ
(सी) प्रतिचुंबकीय सामग्री
(डी) फेराइट्स
92. चुम्बकीय पदार्थ चुम्बकत्व का गुण प्रदर्शित करते हैं क्योंकि
(ए) इलेक्ट्रॉनों की कक्षीय गति
(बी) इलेक्ट्रॉनों का स्पिन
(सी) नाभिककेस्पिन
(डी) इनमें से कोई भी
93. निम्नलिखित में से किस सामग्री के लिए शुद्ध चुंबकीय क्षण शून्य होना चाहिए?
(ए) प्रतिचुंबकीय सामग्री
(बी) फेरिमैग्नेटिक सामग्री
(सी) एंटीफेरोमैग्नेटिकसामग्री
(डी) एंटीफेरिमैग्नेटिक सामग्री
94. विद्युत चुम्बक की आकर्षण क्षमता बढ़ जाएगी यदि
(ए) कोर लंबाई बढ़ जाती है i
(बी) कोर क्षेत्र बढ़ता है
(सी) प्रवाह घनत्व घट जाती है
(डी) प्रवाहघनत्वबढ़ताहै
95. निम्नलिखित में से कौन सा कथन सही है?
(ए) फेराइटकीचालकताफेरोमैग्नेटिकसामग्रीसेबेहतरहै
(बी) फेरोमैग्नेटिक सामग्री की चालकता फेराइट से बेहतर है
(सी) फेराइट की चालकता बहुत अधिक है
(डी) फेराइट की चालकता फेरोमैग्नेटिक सामग्री के समान होती है
96. अस्थायी चुम्बक का प्रयोग किया जाता है

(ए) लाउड-स्पीकर

(बी) जनरेटर

(सी) मोटर्स

(डी) उपरोक्तसभी

97. शोर वाले परिनालिका के मुख्य कारण हैं

(ए) प्रतिकर्षण के कारण अंत में टुकड़े टुकड़े से पंखे की मजबूत प्रवृत्ति

बल की चुंबकीय रेखाओं के बीच

(बी) असमान असर वाली सतह, जो चलती और के बीच गंदगी या असमान पहनने के कारण होती है

स्थिर भाग

(सी) उपरोक्तदोनों

(डी) उपरोक्त में से कोई नहीं

99. विद्युत चुम्बक के क्रोड में होना चाहिए

(ए) कम जबरदस्ती

(6) उच्च संवेदनशीलता

(सी) उपरोक्तदोनों

(डी) उपरोक्त में से कोई नहीं

100. चुंबक के चुंबकत्व को किसके द्वारा नष्ट किया जा सकता है?

(ए) हीटिंग

(बी) हथौड़ा मारना

(सी) दूसरे चुंबक की आगमनात्मक क्रिया द्वारा

(डी) उपरोक्तसभीतरीकोंसे

1. एक अर्धचालक .... बांडों द्वारा बनता है।

ए] सहसंयोजक

बी] इलेक्ट्रोवैलेंट

सी] समन्वय

डी] उपरोक्त में से कोई नहीं

2. एक अर्धचालक में प्रतिरोध का .... तापमान गुणांक होता है।

सकारात्मक

बी] शून्य

सी] नकारात्मक

डी] उपरोक्त में से कोई नहीं

3. सबसे अधिक इस्तेमाल किया जाने वाला सेमीकंडक्टर ....

ए] जर्मेनियम

बी] सिलिकॉन

सी] कार्बन

डी] सल्फर

6. एक शुद्ध सिलिकॉन की प्रतिरोधकता लगभग ....

ए] 100 ओ सेमी

बी] 6000 हेसेमी

सी] 3 x 105 ओ एम

डी] 6 x 10-8 हे सेमी

7. जब एक शुद्ध अर्धचालक को गर्म किया जाता है तो उसका प्रतिरोध ....

ए] ऊपर जाता है

बी] नीचेचलाजाताहै

सी] वही रहता है

डी] नहीं कह सकता

8. सेमीकंडक्टर क्रिस्टल की ताकत .... से आती है।

ए] नाभिकों के बीच बल

बी] प्रोटॉन के बीच बल

सी] इलेक्ट्रॉन-जोड़ीबंधन

डी] उपरोक्त में से कोई नहीं

9. जब एक शुद्ध अर्धचालक में पेंटावैलेंट अशुद्धता डाली जाती है, तो यह ....

ए] एक इन्सुलेटर

बी] एक आंतरिक अर्धचालक

सी] पी-प्रकार अर्धचालक

डी] एन-प्रकारअर्धचालक

10. अर्धचालक में पेंटावैलेंट अशुद्धता मिलाने से कई ....

ए] मुक्तइलेक्ट्रॉन

बी] छेद

सी] वैलेंस इलेक्ट्रॉन

डी] बाध्य इलेक्ट्रॉन

11. एक पेंटावैलेंट अशुद्धता में .... अणु की संयोजन क्षमता

ए] 35

बी] 4

सी] 6

12. एक n-प्रकार का अर्धचालक .... है

ए] सकारात्मक चार्ज

बी] नकारात्मक चार्ज
सी] विद्युतरूपसेतटस्थ
डी] उपरोक्त में से कोई नहीं

14. अर्धचालक में त्रिसंयोजी अशुद्धता मिलाने से अनेक .... का निर्माण होता है।
ए] छेद
बी] मुक्त इलेक्ट्रॉन
सी] वैलेंस इलेक्ट्रॉन
डी] बाध्य इलेक्ट्रॉन

15. अर्धचालक में एक छिद्र को .... के रूप में परिभाषित किया जाता है।
ए] एक मुक्त इलेक्ट्रॉन
बी] एकइलेक्ट्रॉनजोड़ीबंधनकाअधूराहिस्सा
सी] एक मुक्त प्रोटॉन
डी] एक मुक्त न्यूट्रॉन

16. एक बाह्य अर्धचालक में अशुद्धता स्तर शुद्ध अर्धचालक का लगभग ..... होता है।
ए] 108 परमाणुओं के लिए 10 परमाणु
बी] 108 परमाणुओंकेलिए 1 परमाणु
सी] 104 परमाणुओं के लिए 1 परमाणु
डी] 100 परमाणुओं के लिए 1 परमाणु

17. जैसे-जैसे शुद्ध अर्धचालक का डोपिंग बढ़ता है, अर्धचालक का थोक प्रतिरोध ....
ए] वही रहता है
बी] बढ़ता है
सी] घटताहै
डी] उपरोक्त में से कोई नहीं

18. निकट में एक छिद्र और इलेक्ट्रॉन .... की ओर प्रवृत्त होंगे।
ए] एक दूसरे को पीछे हटाना
बी] एकदूसरेकोआकर्षितकरें
सी] एक दूसरे पर कोई प्रभाव नहीं है
डी] उपरोक्त में से कोई नहीं

19. एक अर्धचालक में, धारा चालन .... के कारण होता है।
ए] केवल छेद
B] केवल मुक्त इलेक्ट्रॉन
सी] छेदऔरमुक्तइलेक्ट्रॉन
डी] उपरोक्त में से कोई नहीं

20. थर्मल आंदोलन के कारण छिद्रों और मुक्त इलेक्ट्रॉनों की यादृच्छिक गति को .... कहा जाता है।

ए] <u>प्रसार</u>

बी] दबाव

सी] आयनीकरण

डी] उपरोक्त में से कोई नहीं

21. एक अग्रदिशिक बायस्ड pn जंक्शन डायोड में कोटि का प्रतिरोध होता है

ए] <u>ठीकहै</u>

बी] ओ

सी] एमओ

डी] उपरोक्त में से कोई नहीं

22. एक पीएन जंक्शन पूर्वाग्रह को आगे बढ़ाने के लिए आवश्यक बैटरी कनेक्शन हैं ......

A] <u>+ve टर्मिनलसे p और –ve टर्मिनलसे n . तक</u>

B] -ve टर्मिनल से p और +ve टर्मिनल से n

C] -ve टर्मिनल से p और -ve टर्मिनल से n . तक

डी] उपरोक्त में से कोई नहीं

23. जर्मेनियम के लिए pn जंक्शन पर बैरियर वोल्टेज लगभग .... के बारे में है

ए] 5 वी

बी] 3 वी

सी] शून्य

डी] <u>3 वी</u>

24. pn जंक्शन के ह्रास क्षेत्र में .... की कमी होती है।

ए] स्वीकर्ता आयन

बी] <u>छेदऔरइलेक्ट्रॉन</u>

सी] दाता आयन

डी] उपरोक्त में से कोई नहीं

25. एक रिवर्स बायस पीएन जंक्शन में ....

ए] संकीर्ण कमी परत

बी] <u>लगभगकोईवर्तमाननहीं</u>

सी] बहुत कम प्रतिरोध

डी] बड़ा वर्तमान प्रवाह

26. एक पीएन जंक्शन .... के रूप में कार्य करता है।

ए] नियंत्रित स्विच

बी] द्विदिश स्विच

सी] <u>यूनिडायरेक्शनलस्विच</u>
डी] उपरोक्त में से कोई नहीं
27. एक रिवर्स बायस्ड pn जंक्शन में के क्रम का प्रतिरोध होता है
ठीक
बी] ओ
सी] <u>एमओ</u>
डी] उपरोक्त में से कोई नहीं
28. एक pn जंक्शन के आर-पार लीकेज करंट .... के कारण होता है।
ए] <u>अल्पसंख्यकवाहक</u>
बी] अधिकांश वाहक
सी] जंक्शन समाई
डी] उपरोक्त में से कोई नहीं
29. जब एक बाह्य अर्धचालक का तापमान बढ़ा दिया जाता है, तो स्पष्ट प्रभाव ......
ए] जंक्शन समाई
बी] <u>अल्पसंख्यकवाहक</u>
सी] अधिकांश वाहक
डी] उपरोक्त में से कोई नहीं
30. एक पीएन जंक्शन के लिए आगे के पूर्वाग्रह के साथ, कमी परत की चौड़ाई ....
ए] <u>घटताहै</u>
बी] बढ़ता है
सी] वही रहता है
डी] उपरोक्त में से कोई नहीं
31. एक pn जंक्शन में लीकेज करंट के क्रम का है
ए] आ
बी] एमए
सी] केए
डी] <u>µA</u>
32. एक आंतरिक अर्धचालक में, मुक्त इलेक्ट्रॉनों की संख्या ....
ए] <u>छिद्रोंकीसंख्याकेबराबरहोतीहै</u>
बी] छिद्रों की संख्या से अधिक है
C] छिद्रों की संख्या से कम है
डी] उपरोक्त में से कोई नहीं
33. कमरे के तापमान पर, एक आंतरिक अर्धचालक में ....
ए] केवल कई छेद

B] कुछमुक्तइलेक्ट्रॉनऔरछिद्र

C] केवल कई मुक्त इलेक्ट्रॉन

डी] कोई छेद या मुक्त इलेक्ट्रॉन नहीं

34. पूर्ण तापमान पर, एक आंतरिक अर्धचालक में ....

ए] कुछ मुक्त इलेक्ट्रॉन

बी] कई छेद

सी] कई मुक्त इलेक्ट्रॉन

डी] कोईछेदयामुक्तइलेक्ट्रॉननहीं

35. कमरे के तापमान पर, एक आंतरिक सिलिकॉन क्रिस्टल लगभग ...... के रूप में कार्य करता है

ए] एक बैटरी

बी] एक कंडक्टर

सी] एकइन्सुलेटर

डी] तांबे के तार का एक टुकड़ा

1. एक क्रिस्टल डायोड में ....

एक पीएन जंक्शन

दो पीएन जंक्शन

तीन पीएन जंक्शन

इनमे से कोई भी नहीं

उत्तर: 1

2. एक क्रिस्टल डायोड में .... के क्रम का अग्रगामी प्रतिरोध होता है।

को

मैं

म

इनमे से कोई भी नहीं

उत्तर: 2

3. यदि क्रिस्टल डायोड प्रतीक का तीर धनात्मक wrt बार है, तो डायोड .... पक्षपाती है।

आगे

उल्टा

या तो आगे या पीछे

इनमे से कोई भी नहीं

उत्तर: 1

सेमीकंडक्टर डायोड

प्रश्न और उत्तर पीडीएफ

4. डायोड में रिवर्स करंट .... के क्रम का होता है।

केए

एमए

μA

ए

उत्तर: 3

5. एक सिलिकॉन डायोड के आर-पार आगे की वोल्टेज ड्रॉप होती है
के बारे में ....

2.5 वी

3 वी

10 वी

0.7 वी

उत्तर: 4

6. क्रिस्टल डायोड का प्रयोग .... के रूप में किया जाता है।

एक प्रवर्धक

एक सुधारक

एक थरथरानवाला

एक वोल्टेज नियामक

उत्तर: 2

7. किसी क्रिस्टल डायोड का dc प्रतिरोध .... उसका ac प्रतिरोध होता है

बराबर

इससे अधिक

से कम

इनमे से कोई भी नहीं

उत्तर: 3

8. एक आदर्श क्रिस्टल डायोड वह होता है जो एक आदर्श के रूप में व्यवहार करता है ....

जब आगे पक्षपाती।

कंडक्टर

इन्सुलेटर

प्रतिरोध सामग्री

इनमे से कोई भी नहीं

उत्तर: 1

9. a . के विपरीत प्रतिरोध और अग्र प्रतिरोध का अनुपात जर्मेनियम क्रिस्टल डायोड लगभग ....
1 1
100: 1
1000: 1
40,000 : 1
उत्तर: 4
10. क्रिस्टल डायोड में लीकेज करंट .... के कारण होता है।
अल्पसंख्यक वाहक
बहुसंख्यक वाहक
जंक्शन समाई
इनमे से कोई भी नहीं
उत्तर: 1
11. यदि क्रिस्टल डायोड का तापमान बढ़ जाता है, तो रिसाव वर्तमान ....
वैसा ही रहता है
कम हो जाती है
बढ़ती है
शून्य हो जाता है
उत्तर: 3
12. एक क्रिस्टल डायोड की PIV रेटिंग .... समकक्ष की होती है
वैक्यूम डायोड
बराबर
से कम
इससे अधिक
इनमे से कोई भी नहीं
उत्तर: 2
13. यदि क्रिस्टल डायोड का डोपिंग स्तर बढ़ा दिया जाता है, तो ब्रेकडाउन वोल्टेज...........।
वैसा ही रहता है
बढ़ जाती है
घटा है
इनमे से कोई भी नहीं
उत्तर: 3
14. क्रिस्टल डायोड का घुटना वोल्टेज लगभग बराबर होता है

प्रति ....।

एप्लाइड वोल्टेज

बिजली की ख़राबी

वोल्टेज आगे बढ़ाएं

बाधा क्षमता

उत्तर: 4

15. जब धारा के माध्यम से और वोल्टेज के बीच का ग्राफ a
डिवाइस एक सीधी रेखा है, डिवाइस को .... के रूप में संदर्भित किया जाता है।

रैखिक

सक्रिय

अरेखीय

निष्क्रिय

उत्तर: 1

16. जब क्रिस्टल करंट डायोड करंट बड़ा होता है, तो बायस ....

आगे

श्लोक में

गरीब

उल्टा

उत्तर: 1

17. एक क्रिस्टल डायोड एक .... उपकरण है

गैर रेखीय

द्विपक्षीय

रैखिक

इनमे से कोई भी नहीं

उत्तर: 1

18. एक क्रिस्टल डायोड सुधार के लिए .... विशेषता का उपयोग करता है

उल्टा

आगे

आगे या पीछे

इनमे से कोई भी नहीं

उत्तर: 2

19. जब एक क्रिस्टल डायोड को रेक्टिफायर के रूप में प्रयोग किया जाता है, तो सबसे महत्वपूर्ण
विचारणीय है ....

आगे की विशेषता
डोपिंग स्तर
रिवर्स विशेषता
तस्वीर रेटिंग
उत्तर: 4
20. यदि क्रिस्टल डायोड में डोपिंग स्तर बढ़ा दिया जाता है, तो की चौड़ाई रिक्तिकरण परत...........
वैसा ही रहता है
घटा है
वृद्धि में
इनमे से कोई भी नहीं
उत्तर: 3
21. एक जेनर डायोड में ....
एक पीएन जंक्शन
दो पीएन जंक्शन
तीन पीएन जंक्शन
इनमे से कोई भी नहीं
उत्तर: 1
22. जेनर डायोड का उपयोग .... के रूप में किया जाता है।
एक प्रवर्धक
एक वोल्टेज नियामक
एक सुधारक
एक मल्टीवीब्रेटर
उत्तर: 2
23. जेनर डायोड में डोपिंग स्तर क्रिस्टल डायोड का .... होता है
बराबर
से कम
इससे अधिक
इनमे से कोई भी नहीं
उत्तर: 3
24. एक जेनर डायोड हमेशा .... से जुड़ा रहता है।
उल्टा
आगे
या तो उल्टा या आगे

इनमे से कोई भी नहीं

उत्तर: 1

25. एक जेनर डायोड अपने संचालन के लिए .... विशेषताओं का उपयोग करता है।

आगे

उल्टा

आगे और पीछे दोनों

इनमे से कोई भी नहीं

उत्तर: 2

26. ब्रेकडाउन क्षेत्र में, जेनर डिडो एक .... की तरह व्यवहार करता है।

स्रोत।

स्थिर वोल्टेज

सतत प्रवाह

निरंतर प्रतिरोध

इनमे से कोई भी नहीं

उत्तर: 1

27. एक जेनर डायोड नष्ट हो जाता है यदि यह ....

आगे पक्षपाती है

उल्टा पक्षपाती है

रेटेड वर्तमान से अधिक वाहक

इनमे से कोई भी नहीं

उत्तर: 3

28. जेनर सर्किट में एक श्रृंखला प्रतिरोध .... से जुड़ा है।

जेनर को ठीक से उलट दें

जेनर की रक्षा करें

जेनर बायस को ठीक से फॉरवर्ड करें

इनमे से कोई भी नहीं

उत्तर: 2

29. एक जेनर डायोड .... होता है। उपकरण

एक गैर-रैखिक

एक रैखिक

एक प्रवर्धक

इनमे से कोई भी नहीं

उत्तर: 1

30. एक जेनर डायोड में .... ब्रेकडाउन वोल्टेज होता है

अपरिभाषित

तीखा

शून्य

इनमे से कोई भी नहीं

उत्तर: 2

31. .... रेक्टिफायर का फॉरवर्ड रेजिस्टेंस सबसे कम होता है

ठोस अवस्था

वेक्यूम - ट्यूब

गैस ट्यूब

इनमे से कोई भी नहीं

उत्तर: 1

32. मेन्स एसी पावर को .... के लिए डीसी पावर में परिवर्तित किया जाता है।

प्रकाश के उद्देश्य

हीटर

इलेक्ट्रॉनिक उपकरणों में उपयोग करना

इनमे से कोई भी नहीं

उत्तर: 3

33. हाफ वेव रेक्टिफायर का नुकसान यह है कि ....

घटक महंगे हैं

डायोड की उच्च शक्ति रेटिंग होनी चाहिए

आउटपुट को फ़िल्टर करना मुश्किल है

इनमे से कोई भी नहीं

उत्तर: 3

34. यदि हाफ-वेव रेक्टिफायर का एसी इनपुट 400/√2 . का आरएमएस मान है वोल्ट, तो डायोड PIV रेटिंग .... है।

400/√2 वी

400 वी

400 x 2 वी

इनमे से कोई भी नहीं

उत्तर: 2

35. हाफ-वेव रेक्टिफायर का रिपल फैक्टर .... है

21

.21

2.5

0.48

उत्तर: 4

36. .... के लिए ट्रांसफार्मर की आवश्यकता होती है।

हाफ-वेव रेक्टिफायर

सेंटर-टैप फुल-वेव रेक्टिफायर

ब्रिज फुल-वेव रेक्टिफायर

इनमे से कोई भी नहीं

उत्तर: 2

37. ब्रिज रेक्टिफायर में प्रत्येक डायोड की PIV रेटिंग .... that . है

समतुल्य केंद्र-टैप दिष्टकारी का

एक आधा

बराबर

दो बार

चार बार

उत्तर: 1

38. समान माध्यमिक वोल्टेज के लिए, एक सेंटेप से आउटपुट वोल्टेज रेक्टिफायर ब्रिज रेक्टिफायर की तुलना में .... होता है

दो बार

तीन बार

चार बार

एक आधा

उत्तर: 4

39. यदि किसी डायोड की PIV रेटिंग पार हो जाती है, ...

डायोड खराब आचरण करता है

डायोड नष्ट हो जाता है

डायोड जेनर डायोड की तरह व्यवहार करता है

इनमे से कोई भी नहीं

उत्तर: 2

40. एक 10 वी बिजली की आपूर्ति .... का उपयोग करेगी। फिल्टर कैपेसिटर के रूप में।

कागज संधारित्र

अभ्रक संधारित्र

विद्युत - अपघटनी संधारित्र

वायु संधारित्र

उत्तर: 3

41. एक 1,000 वी बिजली की आपूर्ति फिल्टर कैपेसिटर के रूप में .... का उपयोग करेगी

कागज संधारित्र

वायु संधारित्र

अभ्रक संधारित्र

विद्युत - अपघटनी संधारित्र

उत्तर: 1

42. .... फ़िल्टर सर्किट का परिणाम सर्वोत्तम वोल्टेज विनियमन में होता है

चोक इनपुट

संधारित्र इनपुट

प्रतिरोध इनपुट

इनमे से कोई भी नहीं

उत्तर: 1

43. एक हाफ-वेव रेक्टिफायर में 240 V rms का इनपुट वोल्टेज होता है यदि
स्टेप डाउन ट्रांसफॉर्मर का टर्न रेशियो 8:1 है, पीक लोड कितना है?
वोल्टेज? डायोड ड्रॉप पर ध्यान न दें।

27.5 वी

86.5 वी

30 वी

42.5 वी

उत्तर: 4

44. हाफ-वेव रेक्टिफायर की अधिकतम दक्षता .... है।

40.6%

81.2%

50%

25%

उत्तर: 1

45. सबसे व्यापक रूप से इस्तेमाल किया जाने वाला रेक्टिफायर .... है।

हाफ-वेव रेक्टिफायर

सेंटर-टैप फुल-वेव रेक्टिफायर

ब्रिज फुल-वेव रेक्टिफायर

इनमे से कोई भी नहीं

उत्तर:3

1. निम्नलिखित में से कौन डीसी सिस्टम के अनुप्रयोग हैं?

(ए) बैटरी चार्जिंग कार्य

(बी) आर्क वेल्डिंग

(सी) इलेक्ट्रोलाइटिक और इलेक्ट्रो-रासायनिक प्रक्रियाएं

(डी) सर्च लाइट के लिए आर्क लैंप

(ई) उपरोक्त सभी

उत्तर: ई

2. एसी सिस्टम को डीसी में बदलने के लिए निम्नलिखित में से कौन सी विधि का उपयोग किया जा सकता है?

(ए) रेक्टीफायर्स

(बी) मोटर कन्वर्टर्स

(सी) मोटर-जनरेटर सेट

(डी) रोटरी कन्वर्टर्स

(ई) उपरोक्त सभी

उत्तर: ई

3. सिंगल फेज रोटरी कन्वर्टर में स्लिप रिंग्स की संख्या होगी

(दो

(बी) तीन

(सी) चार

(डी) छह

(ई) कोई नहीं

उत्तर: ए

4. एक तुल्यकालिक कनवर्टर शुरू किया जा सकता है

(ए) एक छोटी सहायक मोटर के माध्यम से

(बी) एसी से। प्रेरण मोटर के रूप में पक्ष

(सी) डीसी पक्ष से डीसी मोटर के रूप में

(डी) उपरोक्त विधियों में से कोई भी

(ई) उपरोक्त विधियों में से कोई नहीं

उत्तर: डी

5. एक रोटरी कनवर्टर एक मशीन है जिसमें

(ए) एक आर्मेचर और एक क्षेत्र

(बी) दो आर्मेचर और एक क्षेत्र

(सी) एक आर्मेचर और दो फ़ील्ड

(डी) उपरोक्त में से कोई नहीं

उत्तर: ए

6. एक रोटरी कनवर्टर के कार्य को जोड़ता है

(ए) एक प्रेरण मोटर और एक डीसी जनरेटर

(बी) एक तुल्यकालिक मोटर और एक डीसी जनरेटर।

(सी) एक डीसी श्रृंखला मोटर और एक डीसी जनरेटर

(डी) उपरोक्त में से कोई नहीं

उत्तर: बी

7. निम्नलिखित में से कौन क्रिया में प्रतिवर्ती है?

(ए) मोटर जनरेटर सेट

(बी) मोटर कनवर्टर

(सी) रोटरी कनवर्टर

(डी) उपरोक्त में से कोई भी

(ई) उपरोक्त में से कोई नहीं

उत्तर: सी

8. निम्नलिखित में से कौन सी धातु आमतौर पर इलेक्ट्रोलिसिस द्वारा निर्मित होती है प्रक्रिया ?

(भार

(बी) एल्यूमिनियम

(सी) कॉपर

(डी) जिंक

(ई) उपरोक्त में से कोई नहीं

उत्तर: बी

9. मोटर कनवर्टर के साथ केवल डीसी वोल्टेज प्राप्त करना संभव है

(ए) 200-100 वी

(6) 600-800 वी

(सी) 1000-1200 वी

(डी) 1700-2000 वी

उत्तर: डी

10. आम तौर पर, निम्न में से किसका उपयोग किया जाता है, जब से बड़े पैमाने पर रूपांतरण होता है

एसी। डीसी बिजली की आवश्यकता है?

(ए) मोटर-जनरेटर सेट

(बी) मोटर कनवर्टर

(सी) रोटरी कनवर्टर

(डी) बुध चाप सुधारक

उत्तर: डी

11. सामान्य निर्माण और डिजाइन में एक रोटरी कनवर्टर, कमोबेश पसंद है
(ए) एक ट्रांसफार्मर
(बी) एक प्रेरण मोटर
(सी) एक अल्टरनेटर
(डी) कोई डीसी मशीन
उत्तर: डी

12. एक रोटरी कनवर्टर a . पर काम करता है
(ए) कम शक्ति कारक
(6) उच्च शक्ति कारक
(सी) शून्य शक्ति कारक
(डी) उपरोक्त में से कोई नहीं
उत्तर: बी

13. निम्नलिखित में से किस अनुप्रयोग में, प्रत्यक्ष धारा नितांत आवश्यक है?
(ए) रोशनी
(बी) इलेक्ट्रोलिसिस
(सी) परिवर्तनीय गति संचालन
(डी) कर्षण
उत्तर: बी

14. निम्नलिखित में से कौन सी ए.सी. मोटर्स का उपयोग आमतौर पर बड़े मोटर-जनरेटर में किया जाता है
सेट?
(ए) तुल्यकालिक मोटर
(बी) गिलहरी पिंजरे प्रेरण मोटर
(सी) स्लिप रिंग इंडक्शन मोटर
(डी) उपरोक्त में से कोई भी
उत्तर: ए

15. एक रोटरी कनवर्टर में आर्मेचर धाराएं होती हैं
(ए) डीसी केवल
(बी) एसी केवल
(सी) आंशिक रूप से एसी और आंशिक रूप से डीसी
उत्तर: सी

16. निम्नलिखित में से किस उपकरण में प्रत्यक्ष धारा की आवश्यकता होती है?
(ए) टेलीफोन
(बी) रिले

(सी) समय स्विच

(D। उपरोक्त सभी

उत्तर: डी

17. एक रोटरी कनवर्टर में I2R उसी के डीसी जनरेटर की तुलना में नुकसान आकार होगा

(ए) वही

(आशीर्वाद देना

(सी) डबल

(डी) तीन बार

उत्तर: बी

18. एक मरकरी आर्क रेक्टिफायर में धनात्मक आयन किस ओर आकर्षित होते हैं?

(ए) एनोड

(बी) कैथोड

(सी) खोल नीचे

(डी) पारा पूल

उत्तर: बी

19. आर्क रेक्टिफायर में बुध को कैथोड के लिए चुना जाता है क्योंकि

(ए) इसकी आयनीकरण क्षमता अपेक्षाकृत कम है

(बी) इसका परमाणु भार काफी अधिक है

(सी) इसका क्वथनांक और विशिष्ट गर्मी कम है

(डी) यह सामान्य तापमान पर तरल अवस्था में रहता है

(ई) उपरोक्त सभी

उत्तर: ई

20. पारे का आयनन विभव लगभग है

(ए) 5.4 वी

(बी) 8.4 वी

(सी) 10.4 वी

(डी) 16.4 वी

उत्तर: सी

21. मरकरी आर्क दिष्टकारी में चाप में संभावित गिरावट अलग-अलग होती है

(ए) 0.05 वी से 0.2 वी प्रति सेमी लंबाई चाप

(बी) 0.5 वी से 1.5 वी प्रति सेमी लंबाई चाप

(सी) 2 वी से 3.5 वी प्रति सेमी लंबाई चाप

(डी) उपरोक्त में से कोई नहीं

उत्तर: डी

22. एक पारा चाप दिष्टकारी के एनोड और कैथोड के बीच वोल्टेज ड्रॉप निम्नलिखित से मिलकर बनता है

(ए) एनोड ड्रॉप और कैथोड ड्रॉप

(बी) एनोड ड्रॉप और आर्क ड्रॉप

(सी) कैथोड ड्रॉप और आर्क ड्रॉप

(डी) एनोड ड्रॉप, कैथोड ड्रॉप और आर्क ड्रॉप

उत्तर: डी

23. ग्लास रेक्टिफायर आमतौर पर डीसी आउटपुट (अधिकतम .) में सक्षम इकाइयों में बने होते हैं

निरंतर रेटिंग) का

(ए) 100 ए 100 वी . पर

(बी) 200 ए 200 वी . पर

(सी) 300 ए 300 वी . पर

(डी) 400 ए 400 वी . पर

(ई) 500 ए 500 वी . पर

उत्तर: ई

24. मरकरी आर्क रेक्टिफायर में एनोड पर वोल्टेज ड्रॉप किसके कारण होता है?

(ए) पारा की स्वयं बहाल संपत्ति

(बी) उच्च आयनीकरण क्षमता

(सी) इलेक्ट्रोस्टैटिक क्षेत्र पर काबू पाने में खर्च की गई ऊर्जा

(डी) रेक्टिफायर के अंदर उच्च तापमान

उत्तर: सी

25. एक मरकरी आर्क दिष्टकारी की आंतरिक दक्षता निर्भर करती है

(ए) केवल वोल्टेज

(बी) केवल वर्तमान

(सी) वोल्टेज और वर्तमान

(डी) वर्तमान का आरएमएस मूल्य

(ई) उपरोक्त में से कोई नहीं

उत्तर: ए

26. यदि मरकरी आर्क रेक्टिफायर में कैथोड और एनोड कनेक्शन आपस में बदले जाते हैं

(ए) रेक्टिफायर काम नहीं करेगा

(बी) आंतरिक नुकसान कम हो जाएगा

(सी) आयन और इलेक्ट्रॉन दोनों धाराएं एक ही दिशा में आगे बढ़ेंगी
(डी) रेक्टिफायर कम दक्षता पर काम करेगा
उत्तर: ए
27. मरकरी आर्क रेक्टिफायर में कैथड वोल्टेज ड्रॉप किसके कारण होता है?
(ए) आयनीकरण में ऊर्जा का व्यय
(बी) सतह प्रतिरोध
(सी) इलेक्ट्रोस्टैटिक क्षेत्र पर काबू पाने में ऊर्जा का व्यय
(डी) पारा से इलेक्ट्रॉनों को मुक्त करने में ऊर्जा का व्यय
उत्तर: डी
28. पारा चाप दिष्टकारी में कैथोड स्पॉट उत्पन्न करने के लिए
(ए) एनोड गरम किया जाता है
(बी) ट्यूब खाली हो गई है
(सी) एक सहायक इलेक्ट्रोड का उपयोग किया जाता है
(डी) कम पारा वाष्प दबाव का उपयोग किया जाता है
उत्तर: सी
29. मरकरी आर्क रेक्टिफायर का लाभ यह है कि
(ए) यह वजन में हल्का है और छोटे फर्श की जगह घेरता है
(बी) इसकी उच्च दक्षता है
(सी) इसमें उच्च अधिभार क्षमता है
(डी) यह तुलनात्मक रूप से नीरव है
(ई) उपरोक्त सभी
उत्तर: ई
30. एक मरकरी पूल दिष्टकारी में, उसके इलेक्ट्रोडों पर वोल्टेज गिरता है
(ए) लोड के सीधे आनुपातिक है
(बी) लोड के विपरीत आनुपातिक है
(सी) लोड वर्तमान के साथ तेजी से बदलता है
(डी) लोड वर्तमान से लगभग स्वतंत्र है
उत्तर: डी

रेक्टीफायर और कन्वर्टर्स - इलेक्ट्रिकल इंजीनियरिंग साक्षात्कार प्रश्न और जवाब

31. तीन-चरण पारा चाप रेक्टिफायर में प्रत्येक एनोड के लिए आचरण करता है
(ए) एक चक्र का एक तिहाई
(बी) एक चक्र का एक चौथाई
(सी) एक आधा चक्र

(डी) एक चक्र का दो तिहाई

उत्तर: ए

32. मरकरी आर्क रेक्टिफायर में नीले रंग की विशेषता किसके कारण होती है?

(ए) पारा का रंग

(बी) आयनीकरण

(सी) उच्च तापमान

(डी) इलेक्ट्रॉन धाराएं

उत्तर: बी

33. निम्न में से कौनसा मरकरी आर्क रेक्टिफायर कम से कम लहरदार डिलीवर करेगा वर्तमान?

(ए) छह चरण

(बी) तीन चरण

(सी) दो चरण

(डी) एकल चरण

उत्तर: ए

34. एक ग्लास बल्ब मरकरी आर्क रेक्टिफायर में अधिकतम करंट रेटिंग प्रतिबंधित है प्रति

(ए) 2000 ए

(बी) 1500 ए

(सी) 1000 ए

(डी) 500 ए

उत्तर: डी

35. मरकरी आर्क रेक्टिफायर में एनोड से कैथोड की ओर प्रवाहित होता है

(ए) आयनों

(बी) इलेक्ट्रॉनों

(सी) आयन और इलेक्ट्रॉन

(डी) उपरोक्त में से कोई भी

उत्तर: ए

36. जब एक रेक्टिफायर लोड किया जाता है तो निम्न में से कौन सी वोल्टेज ड्रॉप होती है?

(ए) ट्रांसफार्मर प्रतिक्रिया में वोल्टेज ड्रॉप

(6) ट्रांसफार्मर और स्मूथिंग चोक के प्रतिरोध में वोल्टेज की गिरावट

(सी) आर्क वोल्टेज ड्रॉप

(D। उपरोक्त सभी

उत्तर: डी

37. निम्नलिखित में से किस कारक पर चरणों की संख्या जिसके लिए एक रेक्टिफायर निर्भर डिजाइन किया जाना चाहिए?

(ए) रेक्टिफायर का वोल्टेज विनियमन कम होना चाहिए

(बी) आउटपुट सर्किट में कोई हार्मोनिक्स नहीं होना चाहिए

(सी) सिस्टम का पावर फैक्टर उच्च होना चाहिए

(डी) रेक्टिफायर आपूर्ति ट्रांसफार्मर का सर्वोत्तम लाभ के लिए उपयोग किया जाना चाहिए

(ई) उपरोक्त सभी

उत्तर: ई

38. एक मरकरी आर्क रेक्टिफायर में _________ विनियमन विशेषताएँ होती हैं

(एक सीधी पंक्ति

(बी) घुमावदार रेखा

(सी) घातीय

(डी) उपरोक्त में से कोई नहीं

उत्तर: डी

39. यह ट्रांसफॉर्मर का ________ है जिस पर के कोण का परिमाण होता है ओवरलैप निर्भर करता है।

(ए) प्रतिरोध

(बी) समाई

(सी) रिसाव प्रतिक्रिया

(डी) उपरोक्त में से कोई भी

उत्तर: सी

41. पारा चाप रेक्टिफायर के ग्रिड नियंत्रण में जब ग्रिड को धनात्मक बनाया जाता है कैथोड के सापेक्ष, तो यह उनके इलेक्ट्रॉनों को एनोड पर ले जा सकता है।

(ए) तेज करता है

(बी) धीमा

(सी) उपरोक्त में से कोई भी

(डी) उपरोक्त में से कोई नहीं

उत्तर: ए

42. ग्रिड वाले मरकरी आर्क रेक्टिफायर में, चाप को एनोड और के बीच मारा जा सकता है

कैथोड तभी होता है जब ग्रिड एक निश्चित क्षमता प्राप्त कर लेता है, इस क्षमता को ज्ञात किया जा रहा है

जैसा

(ए) अधिकतम ग्रिड वोल्टेज

(बी) महत्वपूर्ण ग्रिड वोल्टेज

(सी) उपरोक्त में से कोई भी

(डी) उपरोक्त में से कोई नहीं

उत्तर: बी

43. चरण-शिफ्ट नियंत्रण विधि में ग्रिड के परिवर्तन से नियंत्रण किया जाता है वोल्टेज।

(ए) परिमाण

(बी) ध्रुवीयता

(सी) चरण

(डी) उपरोक्त में से कोई भी

(ई) उपरोक्त में से कोई नहीं

उत्तर: सी

16.44. चरण-शिफ्ट नियंत्रण पद्धति में, एनोड और ग्रिड के बीच चरण परिवर्तन वोल्टेज के माध्यम से प्राप्त किया जा सकता है

(ए) शंट मोटर

(6) तुल्यकालिक मोटर

(सी) प्रेरण नियामक

(डी) तुल्यकालिक जनरेटर

उत्तर: सी

45. वाल्व रेक्टिफायर की तुलना में मेटल रेक्टिफायर को प्राथमिकता दी जाती है, जिसके कारण

निम्नलिखित फायदे?

(ए) वे यांत्रिक रूप से मजबूत हैं

(बी) उन्हें फिलामेंट हीटिंग के लिए किसी वोल्टेज की आवश्यकता नहीं होती है

(सी) दोनों (ए) और (बी)

(डी) उपरोक्त में से कोई नहीं

उत्तर: सी

46. निम्नलिखित में से कौन सा कथन गलत है?

(ए) कॉपर ऑक्साइड दिष्टकारी एक रैखिक उपकरण है

(बी) कॉपर ऑक्साइड दिष्टकारी एक पूर्ण शुद्ध करनेवाला नहीं है

(सी) कॉपर ऑक्साइड दिष्टकारी की दक्षता कम होती है

(डी) कॉपर ऑक्साइड रेक्टिफायर नियंत्रण सर्किट में उपयोग पाता है

(ई) प्रारंभिक जीवन के दौरान कॉपर ऑक्साइड दिष्टकारी स्थिर नहीं है

उत्तर: ए

47. कॉपर ऑक्साइड रेक्टिफायर की दक्षता शायद ही कभी अधिक होती है

(ए) 90 से 95%

(बी) 85 से 90%

(सी) 80 से 85%

(डी) 65 से 75%

उत्तर: डी

48. कॉपर ऑक्साइड रेक्टिफायर आमतौर पर ऊपर संचालित नहीं करने के लिए डिज़ाइन किया गया है

(ए) 10 डिग्री सेल्सियस

(बी) 20 डिग्री सेल्सियस

(सी) 30 डिग्री सेल्सियस

(डी) 45 डिग्री सेल्सियस

उत्तर: डी

49. सेलेनियम रेक्टिफायर को उच्च तापमान पर संचालित किया जा सकता है

(ए) 25 डिग्री सेल्सियस

(बी) 40 डिग्री सेल्सियस

(सी) 60 डिग्री सेल्सियस

(डी) 75 डिग्री सेल्सियस

उत्तर: डी

50. सेलेनियम रेक्टिफायर में _______ से _______ प्रतिशत तक की क्षमता होती है प्राप्य हैं

(ए) 25, 35

(बी) 40, 50

(सी) 60, 70

(डी) 75, 85

उत्तर: डी

51. सेलेनियम रेक्टिफायर की उम्र बढ़ने से आउटपुट वोल्टेज बदल सकता है

(ए) 5 से 10 प्रतिशत

(बी) 15 से 20 प्रतिशत

(सी) 25 से 30 प्रतिशत

(डी) उपरोक्त में से कोई नहीं

उत्तर: ए

52. सेलेनियम रेक्टिफायर्स के अनुप्रयोग आमतौर पर की क्षमता तक सीमित होते हैं
(ए) 10 वी
(बी) 30 वी
(सी) 60 वी
(डी) 100 वी
(ई) 200 वी
उत्तर: डी

53. निम्नलिखित में से कौन सा रेक्टिफायर्स आपूर्ति में व्यापक रूप से उपयोग किया गया है
इलेक्ट्रोप्लेटिंग के लिए दिष्ट धारा?
(ए) कॉपर ऑक्साइड रेक्टिफायर
(बी) सेलेनियम रेक्टीफायर्स
(सी) बुध चाप सुधारक
(डी) मैकेनिकल रेक्टिफायर
(ई) उपरोक्त में से कोई नहीं
उत्तर: बी

54. एक कम्यूटिंग रेक्टिफायर में कम्यूटेटर द्वारा संचालित होता है
(ए) एक प्रेरण मोटर
(बी) एक तुल्यकालिक मोटर
(सी) एक डीसी श्रृंखला मोटर
(डी) एक डीसी शंट मोटर
उत्तर: बी

55. निम्न में से कौन सा रेक्टिफायर मुख्य रूप से कम वोल्टेज चार्ज करने के लिए उपयोग किया जाता है
एसी से बैटरी। आपूर्ति ?
(ए) मैकेनिकल रेक्टिफायर
(बी) कॉपर ऑक्साइड रेक्टीफायर
(सी) सेलेनियम रेक्टीफायर्स
(डी) इलेक्ट्रोलाइटिक रेक्टीफायर
(ई) बुध चाप सुधारक
उत्तर: डी

56. इलेक्ट्रोलाइटिक दिष्टकारी की दक्षता लगभग होती है
(ए) 80%
(बी) 70%

(सी) 60%

(डी) 40%

उत्तर: सी

57. पारा चाप दिष्टकारी कक्ष में निम्न में से कौन-सा नुकसान है?

(ए) चाप में वोल्टेज ड्रॉप

(6) एनोड पर वोल्टेज ड्रॉप

(सी) कैथोड पर वोल्टेज ड्रॉप

(D। उपरोक्त सभी

उत्तर: डी

58. मरकरी आर्क रेक्टिफायर की तुलना में मेटल रेक्टिफायर्स

(ए) कम तापमान पर काम करते हैं

(बी) उच्च वोल्टेज पर काम कर सकते हैं

(सी) भारी भार पर काम कर सकते हैं

(डी) खराब नियमन देना

(ई) उपरोक्त में से कोई नहीं

उत्तर: ए

59. एक मरकरी आर्क रेक्टिफायर में, एनोड आमतौर पर बना होता है

(ए) तांबा

(बी) एल्यूमीनियम

(सी) चांदी

(डी) ग्रेफाइट

(ई) टंगस्टन

उत्तर: डी

60. इंडक्शन मोटर पर शॉर्ट-सर्किट परीक्षण का उपयोग निर्धारित करने के लिए नहीं किया जा सकता है

(ए) वेस्टेजनुकसान

(बी) तांबे के नुकसान

(सी) परिवर्तन अनुपात

(डी) सर्कल आरेख का पावर स्केल

61. तीन चरण प्रेरण मोटर में

(ए) रोटर की तुलना में स्टेटर में लोहे की हानि नगण्य होगी

(6) रोटर की तुलना में मोटर में लोहे की हानि नगण्य होगी

(सी) स्टेटर में लोहे की हानि रोटर की तुलना में कम होगी

(डी) स्टेटरमेंलोहेकीहानिरोटरकीतुलनामेंअधिकहोगी

62. 3-फेज इंडक्शन मोटर्स के मामले में, प्लगिंग का अर्थ है:

(ए) बिना स्टार्टर के मोटर को सीधे लाइन पर खींचना

(बी) हार्मोनिक्स के कारण रोटर का लॉकिंग

(सी) लोड पर मोटर शुरू करना जो रेटेड लोड से अधिक है

(डी) त्वरितरोककेलिएदोआपूर्तिचरणोंकोबदलना

63. इंडक्शन मोटर के लिए वृत्त आरेख बनाने के लिए निम्नलिखित में से कौन सा डेटा आवश्यक है?

(ए) केवल रोटर परीक्षण ब्लॉक करें

(बी) केवल लोड परीक्षण नहीं

(सी) ब्लॉक रोटर टेस्ट और नो-लोड टेस्ट

(डी) ब्लॉकरोटरटेस्ट, नो-लोडटेस्टऔरस्टेटरप्रतिरोधपरीक्षण

64. थ्री-फेज इंडक्शन मोटर्स में कभी-कभी कॉपर बार को रोटर में गहराई तक रखा जाता है

(ए) प्रारंभिकटोकमेंसुधार

(बी) तांबे के नुकसान को कम करें

(सी) दक्षता में सुधार

(डी) पावर फैक्टर में सुधार

65. तीन चरण प्रेरण मोटर में

(ए) दौड़ते समय की तुलना में शुरू होने पर पावर फैक्टर अधिक होता है

(बी) दौड़तेसमयकीतुलनामेंशुरूहोनेपरपावरफैक्टरकमहोताहै

(सी) चलने के दौरान उसी तरह शुरू होने पर पावर फैक्टर

66. एक प्रेरण मोटर के परिवर्तन अनुपात की वापसी द्वारा पाया जा सकता है

(ए) केवल ओपन-सर्किट परीक्षण

(बी) केवलशॉर्ट-सर्किटपरीक्षण

(सी) स्टेटर प्रतिरोध परीक्षण

(डी) उपरोक्त में से कोई नहीं

67. इंडक्शन मोटर के सर्कल डायग्राम का पावर स्केल पाया जा सकता है

(ए) स्टेटर प्रतिरोध परीक्षण

(बी) केवल नो-लोड टेस्ट

(सी) केवलशॉर्ट-सर्किटपरीक्षण

(डी) उपरोक्त के noue

68. प्रेरण मोटर के आघूर्ण/स्लिप वक्र का आकार होता है

(ए) परवलय

(बी) हाइपरबोला

(सी) <u>आयताकारपरवलय</u>

(डी) सीधी रेखा

69. इंडक्शन मोटर में आपूर्ति वोल्टेज के 4% का परिवर्तन लगभग परिवर्तन का उत्पादन करेगा

(ए) रोटर टोक़ में 4%

(बी) रोटर टोक़ में 8%

(सी) रोटर टोक़ में 12%

(डी) <u>रोटरटोक़में 16%</u>

70. स्लिप रिंग इंडक्शन मोटर के स्टेटिंग टॉर्क को जोड़कर बढ़ाया जा सकता है

(ए) रोटर के लिए बाहरी अधिष्ठापन

(बी) <u>रोटरकेलिएबाहरीप्रतिरोध</u>

(सी) रोटर के लिए बाहरी समाई

(डी) रोटर के प्रतिरोध और अधिष्ठापन दोनों

71. एक 500 kW, 3-फेज, 440 वोल्ट, 50 Hz, AC इंडक्शन मोटर में फुल लोड पर 960 rpm की गति होती है। मशीन में 6 पोल हैं। मशीन की पर्ची होगी

(ए) 0.01

(बी) 0.02

(सी) 0.03

(डी) <u>0.04</u>

72. इंड्यूशन मोटर का पूरा वृत्त आरेख किसकी सहायता से खींचा जा सकता है?

से मिला डेटा

(ए) नोलोड टेस्ट

(6) अवरुद्ध रोटर परीक्षण

(सी) स्टेटर प्रतिरोध परीक्षण

(डी) <u>उपरोक्तसभी</u>

73. गिलहरी-पिंजरे इंडक्शन मोटर में रोटर स्लॉट्स को आमतौर पर थोड़ा तिरछा दिया जाता है

(ए) <u>रोटरकेचुंबकीयहुमऔरलॉकिंगप्रवृत्तिकोकमकरनेकेलिए</u>

(बी) रोटर सलाखों की तन्यता ताकत बढ़ाने के लिए

(सी) आसान निर्माण सुनिश्चित करने के लिए

(डी) उपरोक्त में से कोई नहीं

74. चालू हालत में एक प्रेरण मोटर में रोटर का टोक़ अधिकतम है

(ए) पर्ची के इकाई मूल्य पर

(बी) पर्ची के शून्य मूल्य पर

(सी) पर्चीकेमूल्यपरजोप्रतिचरणरोटरप्रतिक्रियाकोप्रतिचरणप्रतिरोधकेबराबरबनाताहै

(डी) पर्ची के मूल्य पर जो रोटर की प्रतिक्रिया को रोटर का आधा बना देता है

75. यदि स्टेटर के घूर्णन फ्लक्स और प्रेरण मोटर के रोटर के बीच सापेक्ष गति शून्य हो तो क्या होगा?

(ए) मोटर की पर्ची 5% होगी

(बी) रोटरनहींचलेगा

(सी) रोटर बहुत तेज गति से चलेगा

(डी) उत्पादित टोक़ बहुत बड़ा होगा

76. इंडक्शन मोटर के वृत्त आरेख का उपयोग यह निर्धारित करने के लिए नहीं किया जा सकता है

(ए) दक्षता

(बी) पावर फैक्टर

(सी) आवृत्ति

(डी) आउटपुट

77. इंडक्शन मोटर्स पर अवरुद्ध रोटर परीक्षण का पता लगाने के लिए प्रयोग किया जाता है

(ए) रिसाव प्रतिक्रिया

(बी) शॉर्ट सर्किट पर पावर फैक्टर

(सी) रेटेड वोल्टेज के तहत शॉर्ट-सर्किट वर्तमान

(डी) उपरोक्तसभी

78. बॉल बेयरिंग के लिए इस्तेमाल किया जाने वाला स्नेहक आमतौर पर होता है

(ए) ग्रेफाइट

(बी) ग्रीस

(सी) खनिज तेल

(डी) गुड़

79. एक प्रेरण मोटर समकालिक गति से चल सकती है जब

(ए) यह लोड पर चलाया जाता है

(बी) यह विपरीत दिशा में चलाया जाता है

(सी) यह रेटेड वोल्टेज से अधिक वोल्टेज पर चलता है

(डी) रोटरसर्किटमेंईएमएफइंजेक्टकियाजाताहै

80. उन खानों में उपयोग के लिए कौन सी मोटर पसंद की जाती है जहां विस्फोटक गैसें मौजूद हैं?

(ए) एयरमोटर

(बी) प्रेरण मोटर

(सी) डीसी शंट मोटर

(डी) तुल्यकालिक मोटर

81. 3-फेज इंडक्शन मोटर द्वारा विकसित टॉर्क कम से कम किस पर निर्भर करता है?

(ए) रोटर वर्तमान

(बी) रोटर पावर फैक्टर

(सी) रोटर ईएमएफ

(डी) शाफ्टव्यास

82. एक प्रेरण मोटर में यदि वायु-अंतराल बढ़ा दिया जाता है

(ए) पावरफैक्टरकमहोगा

(बी) विंडेज नुकसान अधिक होगा

(सी) असर घर्षण कम हो जाएगा

(डी) एक प्रेरण मोटर में तांबे का नुकसान कम हो जाएगा

83. प्रेरण मोटर में प्रतिशत पर्ची निर्भर करती है

(ए) आपूर्ति आवृत्ति

(बी) आपूर्ति वोल्टेज

(सी) मोटरमेंतांबेकीहानि

(डी) उपरोक्त में से कोई नहीं

85. डबल केज इंडक्शन मोटर के मामले में, आंतरिक पिंजरे में है

(ए) उच्चअधिष्ठापनऔरकमप्रतिरोध

(बी) कम अधिष्ठापन और उच्च प्रतिरोध

(सी) कम अधिष्ठापन और कम प्रतिरोध

(डी) उच्च अधिष्ठापन और उच्च प्रतिरोध

86. इंडक्शन मोटर का लो पावर फैक्टर किसके कारण होता है?

(ए) रोटर रिसाव प्रतिक्रिया

(बी) स्टेटर प्रतिक्रिया

(सी) चुंबकीय प्रवाह उत्पन्न करने के लिए आवश्यक प्रतिक्रियाशील लैगिंग चुंबकीयकरण वर्तमान

(डी) उपरोक्तसभी

87. रोटर सर्किट में प्रतिक्रिया का सम्मिलन

(ए) शुरुआतीटोक़केसाथ-साथअधिकतमटोक़कोकमकरताहै

(बी) प्रारंभिक टोक़ के साथ-साथ अधिकतम टोक़ भी बढ़ाता है

(सी) प्रारंभिक टोक़ बढ़ता है लेकिन अधिकतम टोक़ अपरिवर्तित रहता है

(डी) प्रारंभिक टोक़ बढ़ता है लेकिन अधिकतम टोक़ कम हो जाता है

88. किसी दिए गए टॉर्क को विकसित करने के लिए इंडक्शन मोटर के रोटसीर में प्रतिरोध का सम्मिलन

(ए) रोटर वर्तमान घटाता है

(बी) रोटर वर्तमान बढ़ाता है

(सी) रोटर वर्तमान शून्य हो जाता है

(डी) रोटरवर्तमानसमानरहताहै

89. उच्च जड़त्व वाले भार को चलाने के लिए सर्वोत्तम प्रकार की प्रेरण मोटर का सुझाव दिया जाता है

(ए) पर्चीकीअंगूठीप्रकार

(बी) गिलहरी पिंजरे का प्रकार

(सी) उपरोक्त में से कोई भी

(डी) उपरोक्त में से कोई नहीं

90. थ्री फेज इंडक्शन मोटर की स्टेटर वाइंडिंग का तापमान है

के द्वारा हासिल किया गया

(ए) प्रतिरोध वृद्धि विधि

(बी) थर्मामीटर विधि

(सी) एम्बेडेड तापमान विधि

(डी) सभीउपरोक्तविधियां

91. शॉर्ट-सर्किट गियर का उपयोग करने का उद्देश्य है

(ए) रोटरकोस्लिपरिंगपरशॉर्टसर्किटकरनेकेलिए

(बी) स्टार्टर में शुरुआती प्रतिरोधों को शॉर्ट सर्किट करने के लिए

(सी) शॉर्ट सर्किट के लिए मोटर के स्टेटर चरण को स्टार बनाने के लिए

(डी) उपरोक्त में से कोई नहीं

92. एक गिलहरी केज मोटर में प्रेरित ईएमएफ है

(ए) शाफ्ट लोडिंग पर निर्भर

(बी) स्लॉट की संख्या पर निर्भर

(सी) रोटरमेंप्रेरितस्टैंडस्टिलईएमएफस्लिपटाइम्स

(डी) उपरोक्त में से कोई नहीं

93. के मामले में कम रखरखाव की परेशानी का अनुभव होता है

(ए) स्लिप रिंग इंडक्शन मोटर

(बी) गिलहरीपिंजरेप्रेरणमोटर

(सी) दोनों (ए) और (बी)

(डी) उपरोक्त में से कोई नहीं

94. एक गिलहरी पिंजरे प्रेरण मोटर का चयन नहीं किया जाता है जब

(ए) प्रारंभिक लागत मुख्य विचार है
(बी) रखरखाव लागत कम रखी जानी है
(सी) <u>उच्चप्रारंभिकटोक़मुख्यविचारहै</u>
(डी) उपरोक्त सभी विचार शामिल हैं

95. कम वोल्टेज स्टार्टर के साथ प्रयोग किया जा सकता है
(ए) स्लिप रिंग मोटर केवल लेकिन गिलहरी पिंजरे प्रेरण मोटर के साथ नहीं
(बी) गिलहरी पिंजरे प्रेरण मोटर केवल लेकिन पर्ची की अंगूठी मोटर के साथ नहीं
(सी) <u>गिलहरीपिंजरेकेसाथ-साथपर्चीकीअंगूठीप्रेरणमोटर</u>
(डी) उपरोक्त में से कोई नहीं

96. स्लिप रिंग मोटर को गिलहरी केज इंडक्शन मोटर पर पसंद किया जाता है जहां
(ए) <u>उच्चप्रारंभिकटोक़कीआवश्यकताहै</u>
(बी) लोड टोक़ भारी है
(सी) भारी पुल आउट टोक़ की आवश्यकता है
(D। उपरोक्त सभी

97. एक प्रेरण मोटर के स्टार-डेल्टा स्टार्टर में
(ए) स्टेटर में प्रतिरोध डाला जाता है
(बी) स्टेटर पर कम वोल्टेज लागू होता है
(सी) रोटर में प्रतिरोध डाला जाता है
(डी) <u>लागूवोल्टेजपर्लस्टेटरचरणलाइनवोल्टेजका 57.7% है</u>

98. इंडक्शन मोटर का टॉर्क है
(ए) <u>पर्चीकेसीधेआनुपातिक</u>
(बी) पर्ची के विपरीत आनुपातिक
(सी) पर्ची के वर्ग के लिए आनुपातिक
(डी) उपरोक्त में से कोई नहीं

99. इंडक्शन मोटर का रोटर पर चलता है
(ए) तुल्यकालिक गति
(बी) <u>तुल्यकालिकगतिसेनीचे</u>
(सी) तुल्यकालिक गति से ऊपर
(डी) उपरोक्त में से कोई भी

100. थ्री फेज इंडक्शन मोटर के शुरुआती टॉर्क को किसके द्वारा बढ़ाया जा सकता है
(ए) बढ़ती पर्ची
(बी) वर्तमान बढ़ रहा है
(सी) <u>दोनों (ए) और (बी)</u>
(डी) उपरोक्त में से कोई नहीं

प्रश्न 1. निम्नलिखित में से कौन स्मृति की सबसे बड़ी इकाई है?

ए] गीगाबाइट।

बी] बाइट्स।

सी] मेगाबाइट्स।

डी] किलोबाइट्स।

प्रश्न 2. सॉफ्टवेयर का प्राथमिक उद्देश्य डेटा को चालू करना है।

एक वेबसाइट।

बी] सूचना।

सी] कार्यक्रम।

डी] ऑब्जेक्ट्स।

प्रश्न 3. जीयूआई के लिए खड़ा है

ए] ग्राफिकलयूज़रइंटरफ़ेस।

बी] ग्रेटर यूजर इंटरफेस।

सी] ग्राफिकल यूनियन इंटरफेस।

डी] ग्राफिकल यूजर इंटरेस्ट।

प्रश्न 4. की-बोर्ड की जिन पर तीर होता है, कहलाती है -

ए] फ़ंक्शन कुंजियाँ।

बी] नेविगेशनकुंजियाँ।

सी] टाइपराइटर कुंजी।

डी] विशेष प्रयोजन कुंजी।

प्रश्न 5. ASSCII, EBCDIC और यूनिकोड एप्लीकेशन सॉफ्टवेयर के उदाहरण हैं

सत्य।

बी] झूठा।

प्रश्न 6. विंडोज़ ऑपरेटिंग सिस्टम में स्क्रीन के किसी भी हिस्से को एक्सेस करने का सबसे आसान तरीका है।

कुंजीपटल।

बी] चूहा।

सी] चूहा।

डी]] जॉयस्टिक।

प्रश्न 7. एक सॉफ्टवेयर को a . भी कहा जाता है

एक प्रक्रिया।

बी] डेटा।

सी] कार्यक्रम।

डी] सूचना।

प्रश्न 8. मूल फ़ाइलें क्षतिग्रस्त या खो जाने की स्थिति में बैक प्रोग्राम उपयोग की जाने वाली फ़ाइलों की प्रतिलिपियाँ बनाते हैं।

ए] सत्य।

बी] झूठा।

प्र.9. माइक्रोप्रोसेसर को अक्सर CPU कहा जाता है

ए] सत्य।

बी] झूठा।

प्र.10. यूटिलिटी हार्ड डिस्क पर अनावश्यक फाइलों की पहचान करती है और यूजर कमांड के आधार पर उन्हें मिटा देती है।

एक बैकअप।

बी] फ़ाइल संपीड़न।

सी] प्रोग्राम अनइंस्टॉल करें।

डी]] डिस्ककीसफाई।

प्रश्न 11. इस प्रकार का सॉफ़्टवेयर आपको अधिक उत्पादक कार्यों में मदद करने के लिए डिज़ाइन किया गया है, और लगभग हर डिस्क लाइव और व्यवसाय में व्यापक रूप से उपयोग किया जाता है।

ए] संचार सॉफ्टवेयर।

बी] उपयोगिता सॉफ्टवेयर।

सी] बेसिकएप्लीकेशनसॉफ्टवेयर।

डी] सिस्टम सॉफ्टवेयर।

प्रश्न 12. मिनी कंप्यूटर के रूप में भी जाना जाता है।

ए] मिडरेंजकंप्यूटर।

बी] पर्सनल डिजिटल कंप्यूटर।

सी] मेनफ्रेम कंप्यूटर।

डी] लैपटॉप कंप्यूटर।

प्रश्न 13. कंप्यूटर पर फास्ट गेम खेलने के लिए निम्न में से किस डिवाइस का उपयोग किया जाता है।

ए] सतह को स्पर्श करें।

बी] टच स्क्रीन.2

सी] ट्रैक बॉल।

डी] जॉयस्टिक।

प्रश्न 14. निम्नलिखित में से किसे पोर्टेबल कंप्यूटर नहीं माना जाएगा।

ए] डेस्कटॉपकंप्यूटर।

बी] नोट बुक कंप्यूटर।

सी] व्यक्तिगत डिजिटल सहायक।

डी] इनमें से कोई नहीं।

प्र.15. हेडफोन एक विशिष्ट आउटपुट डिवाइस है।

ए] सच।

बी] झूठा।

प्रश्न 16. अनइंस्टॉल प्रोग्राम कंप्यूटर में इंस्टॉल किए गए अवांछित प्रोग्राम को हटाने में हमारी मदद करते हैं।

ए] सच।

बी] झूठा।

प्रश्न 17. स्टोरेज डिवाइस की क्षमता को आमतौर पर बाइट्स के रूप में मापा जाता है।

ए] सच।

बी] झूठा।

प्रश्न 18. स्टोरेज डिवाइस की क्षमता को आमतौर पर मीटर के रूप में मापा जाता है।

सत्य।

बी] झूठा।

Q.19............. एक पॉइंटिंग डिवाइस है।

ए] माउस।

बी] प्रिंटर।

सी] स्कैनर।

डी] कीबोर्ड।

प्र.20. F1, F2 वगैरह लेबल वाली की-बोर्ड कीज को ....

ए] फ़ंक्शनकुंजियां।

बी] संख्यात्मक कुंजी।

सी] टाइपराइटर कुंजी।

डी] विशेष प्रयोजन कुंजी।

प्रश्न 21. कैप्स लॉक जैसी कुंजीपटल कुंजियाँ जो सुविधाओं को चालू या बंद करती हैं, कहलाती हैं।

ए] फ़ंक्शन कुंजियाँ।

बी] संयोजन कुंजी।

सी] कुंजियाँटॉगलकरें।

डी] विशेष प्रयोजन कुंजी।

प्रश्न 22. वर्ड प्रोसेसिंग, इलेक्ट्रॉनिक स्प्रेड शीट, डेटाबेस मैनेजर और ग्राफिक्स प्रोग्राम सभी को शीर्षक के तहत समूहीकृत किया जाता है।

ए] ब्राउजिंग प्रोग्राम।

बी] ऑपरेटिंग सिस्टम।

सी] एप्लीकेशनसॉफ्टवेयर।

डी] डेटा और सूचना।

प्रश्न 23. कीबोर्ड, माउस, मॉनिटर और सिस्टम यूनिट को सामूहिक रूप से के रूप में भी जाना जाता है

ए] ठोस बर्तन।

बी] सॉफ्टवेयर।

सी] हार्डवेयर।

डी] फर्म वेयर।

प्रश्न 24. मॉनिटर स्क्रीन पर इमेज के आउटपुट को अक्सर सॉफ्ट कॉपी कहा जाता है।

ए] सच।

बी] झूठा।

प्र.25. बाइनरी नंबरिंग सिस्टम में प्रत्येक 0 और 1 को बिट कहा जाता है।

ए] सच।

बी] झूठा।

प्रश्न 26. कैच मेमोरी का उपयोग रैम से सबसे अधिक बार एक्सेस की गई जानकारी को स्टोर करने के लिए किया जाता है।

ए] सच।

बी] झूठा।

प्रश्न 27. सिस्टम बोर्ड को मुख्य बोर्ड या मदर बोर्ड के रूप में भी जाना जाता है।

ए] सच।

बी] झूठा।

प्रश्न 28. ASSCII, EBCDIC और यूनिकोड बाइनरी कोडिंग स्कीम हैं।

ए] सच।

बी] झूठा।

प्रश्न 29. की-बोर्ड पर 0-9 लेबल वाली कीज कहलाती हैं।

ए] फ़ंक्शन कुंजियाँ।

बी] संख्यात्मककुंजी।

सी] टाइपराइटर कुंजी।

डी] विशेष प्रयोजन कुंजी।

प्रश्न 30. सीडी रोम का मतलब कॉम्पैक्ट डिस्क रीड ओनली मेमोरी है।

ए] सच।

बी] झूठा।

प्रश्न 31. .... में चरण-दर-चरण परिचय होता है जो कंप्यूटर को कार्य को पूरा करने का तरीका बताता है।

ए] कार्यक्रम।

बी] हार्डवेयर।

सी] डेटा।

डी] ऑब्जेक्ट्स।

प्रश्न 32. सीडी-आर का मतलब सीडी-रिकॉर्डेबल है।

ए] सत्य।

बी] झूठा।

Q.33....... एक बैकग्राउंड सॉफ्टवेयर है जो कंप्यूटर को उसके आंतरिक संसाधनों का प्रबंधन करने में मदद करता है।

ए] सिस्टमसॉफ्टवेयर।

बी] सूचना।

सी] ऑब्जेक्ट्स।

डी] इनमें से कोई नहीं।

प्रश्न 34. प्रिंटर का उपयोग करके प्राप्त छवि के आउटपुट को हार्ड कॉपी कहा जाता है।

ए] सत्य।

बी] झूठा।

प्रश्न 35. फ़ाइल संपीड़न प्रोग्राम निम्नलिखित हैं, EXCEPT

ए] जिप जीतो।

बी] छापेमारी

सी] आरएआर जीतो।

डी] पीके ज़िप।

प्रश्न 36. डिस्क पर एक ट्रैक कई गोलाकार रिंग क्षेत्रों में से एक है जहां डेटा चुंबकीय रूप से लिखा जाता है।

ए] सत्य।

बी] झूठा।

प्रश्न 37. फ्लॉपी डिस्क रिमूवेबल स्टोरेज मीडिया हैं।

ए] सत्य।

बी] झूठा।

प्रश्न 38. जिन कीबोर्ड कुंजियों पर तीर होते हैं, उन्हें कहा जाता है।

ए] फ़ंक्शन कुंजियाँ।

बी] संयोजन कुंजी।

सी] नेविगेशनकुंजियाँ

डी] विशेष प्रयोजन कुंजी।

प्रश्न 39. माइक्रोप्रोसेसर को अक्सर सीपीयू कहा जाता है।

ए] सच।

बी] झूठा।

प्र.40. आठ बिट एक काट बनाते हैं।

ए] सत्य।

बी] झूठा।

प्रश्न 41. मॉनिटर स्क्रीन पर इमेज के आउटपुट को अक्सर हार्ड कॉपी कहा जाता है।

ए] सत्य।

बी] झूठा।

Q.42............ ग्राफिकल ऑब्जेक्ट हैं जिनका उपयोग आमतौर पर उपयोग किए जाने वाले एप्लिकेशन को दर्शाने और खोलने के लिए किया जाता है।

ए] जीयूआई।

बी] प्राइमर'।

सी] विंडोज एनटी।

डी] प्रतीक।

प्रश्न 43. CD-ROM का अर्थ है CD-RW।

सत्य।

बी] असत्य।

प्रश्न 44. RAM में संग्रहीत डेटा है

ए] गैर-वाष्पशील है।

बी] बिजलीचालूहोनेपरहीवहांहै।

सी] बिजली बंद होने के कुछ मिनट बाद ही रहता है।

डी] स्थायी है और केवल बिजली की विफलता में खो गया है।

प्रश्न 45. CD-R,CD-क्षेत्रीय के लिए खड़ा है।

सत्य।

बी] असत्य।

प्रश्न 46. मॉनिटर का प्राथमिक कार्य उपयोगकर्ता को सूचना प्रदर्शित करना है।

ए] सत्य।

बी] झूठा।

प्रश्न 47. रैंडम एक्सेस मेमोरी] रैम। है .... स्मृति का प्रकार है।

एक स्थायी।

बी] अस्थायी।

सी] फ्लैश।

डी] स्मार्ट।

Q.48 कंप्यूटर की बाहरी मेमोरी मदरबोर्ड पर स्लॉट के रूप में मौजूद होती है।

ए] <u>असत्य।</u>

बी] सच।

Q.49 कंप्यूटर की इंटरनल मेमोरी मदरबोर्ड पर चिप्स के रूप में मौजूद होती है

ए] <u>सच।</u>

बी] झूठा।

Q.50 कैश मेमोरी का उपयोग रैम से सबसे अधिक बार एक्सेस की गई जानकारी को स्टोर करने के लिए किया जाता है।

ए] <u>सत्य।</u>

बी] झूठा।

प्रश्न 1. "सिस्टम दिनांक" और "सिस्टम समय" कंप्यूटर की आंतरिक घड़ी द्वारा अनुरक्षित दिनांक और समय हैं।

ए] <u>सच</u>

बी] झूठा

प्रश्न 2. डिस्क क्लीनअप का उपयोग आपकी फ़ाइलों को पुनर्व्यवस्थित करने के लिए किया जाता है ताकि वे टूट न जाएं।

सत्य

बी] <u>झूठा</u>

प्रश्न 3. Window Vista में एक फोल्डर सिस्टम को "Directory System" भी कहा जाता है।

ए] <u>सच</u>

बी] झूठा

प्रश्न 4. "आरटीएफ" का अर्थ है "रिच टेक्स्ट फॉर्मेट"

ए] <u>सच</u>

बी] झूठा

प्रश्न 5. विंडोज विस्टा का उपयोग कैसे करें, समस्या निवारण जानकारी प्राप्त करने, समर्थन प्राप्त करने आदि के बारे में जानने के लिए आप .... पर क्लिक कर सकते हैं।

एक खोज"

बी] "विंडोज"

सी] "शुरू"

डी] <u>"सहायताऔरसमर्थन"</u>

प्रश्न 6. एमएस पेंट में घुमावदार रेखा खींचने के लिए, हमें .... आइकन पर क्लिक करना होता है।

ए] "वक्र"

बी] "लाइन"

सी] "बहुभुज"

डी] "आयत"

प्रश्न 7. .... का अर्थ है मुद्रित किए जाने वाले वर्णों की ऊंचाई और चौड़ाई।

ए] "फ़ॉन्टआकार"

बी] "सीमा"

सी] "सेल"

डी] "फ़ॉन्ट शैली"

प्रश्न 8. एक बटन है जो "टाइटल बार" पर मौजूद नहीं है।

ए] छोटा करें

बी] प्रारंभ

सी] अधिकतम करें

डी] बंद करें

प्र.9. डिस्क डीफ़्रेग्मेंटर का उपयोग आपकी हार्ड डिस्क पर अनावश्यक फ़ाइलों को हटाने के लिए किया जाता है ताकि स्थान खाली हो सके और आपका कंप्यूटर तेज़ी से चल सके।

सत्य

बी] झूठा

प्र.10. अपने चित्र का आकार बदलने के लिए, मेनू से "छवि विशेषताएँ" चुनें।

ए] सच

बी] झूठा

प्रश्न 11. कैलकुलेटर एप्लिकेशन शुरू करने के लिए "प्रारंभ" पर क्लिक करें और "सभी प्रोग्राम एक्सेसरीज़ कैलकुलेटर" चुनें।

ए] सच

बी] झूठा

प्रश्न 12. .... का उपयोग बड़े और जटिल टेक्स्ट दस्तावेज़ बनाने और प्रारूपित करने के लिए किया जा सकता है।

कैलकुलेटर"

बी] "वर्डपैड"

सी] "नोटपैड"

डी] "टेक्स्ट पैड"

प्रश्न 13. नोटपैड एक बुनियादी पाठ संपादक है जिसका उपयोग साधारण दस्तावेज़ बनाने के लिए किया जा सकता है।

ए] सच

बी] झूठा

प्रश्न 14. एक फोल्डर सिस्टम को "..............." भी कहा जाता है।

ए] "दिशा प्रणाली"

बी] "निर्देशिकाप्रणाली"

सी] "निर्देशिका सूची"

डी] "फोल्डर बुक"

प्र.15. किसी फ़ोल्डर के भीतर एक फ़ोल्डर को "फ़ोल्डर सूची" के रूप में जाना जाता है।

सत्य

बी] झूठा

प्रश्न 17. A........... एक कंटेनर की तरह है जिसमें आप फाइलों को स्टोर कर सकते हैं।

ए] "आइकन"

बी] "दस्तावेज़"

सी] "फ़ोल्डर"

डी] "शीट"

प्रश्न 18. ऑपरेटिंग सिस्टम का काम है .... से

ए] कई उपयोगी कमांड आसानी से निष्पादित करें।

बी] एक परिभाषित एप्लिकेशन प्रोग्राम इंटरफ़ेस के माध्यम से सेवा के लिए अनुरोध करने के लिए।

सी] कंप्यूटरकोसबसेमौलिकस्तरपरनियंत्रितकरनेकेलिए।

डी] इनमें से कोई नहीं।

प्र.19. विंडोज़ इंटरफ़ेस .... पर आधारित है।

ए] "ग्राफिकलयूज़रइंटरफेस" याजीयूआई

बी] एप्लीकेशन प्रोग्राम इंटरफेस या] एपीआई।

सी] "क्लिपबोर्ड"

डी] इनमें से कोई नहीं

प्र.20. फ़ाइल के नाम में दो भाग होते हैं, फ़ाइल का नाम और उप फ़ाइल नाम।

सत्य

बी] झूठा

प्रश्न 21. किसी विशेष फ़ाइल के स्थान को शीघ्रता से एक्सेस करने के लिए, आप फ़ाइल के लिए एक शॉर्टकट आइकन बनाते हैं और उसे डेस्कटॉप पर रखते हैं।

ए] सच

बी] झूठा

प्रश्न 22. विंडोज विस्टा में विंडोज़ साइडबार में मिनी प्रोग्राम होते हैं जिन्हें गैजेट्स कहा जाता है।

ए] सच

बी] झूठा

प्रश्न 23. नोटपैड का उपयोग करके बनाई गई फ़ाइल को एक्सटेंशन के साथ संग्रहीत किया जाता है ....

ए] ".txt"

बी] ".docx"

सी] ".पीएनजी"

डी] ".जेपीजी"

प्रश्न 24. विंडोज़ विस्टा में दो प्रकार के "खोजकर्ता" समर्थित हैं: नियमित खोज त्वरित खोज।

ए] सच

बी] झूठा

प्र.25. जब आपका कंप्यूटर बूट हो जाता है और उपयोग के लिए तैयार हो जाता है, तो जो स्क्रीन आप देखते हैं उसे ....

ए] "टेबल टॉप"

बी] "डेस्कटॉप"

सी] "लैपटॉप"

डी] इनमें से कोई नहीं

प्रश्न 26. "कंप्यूटर" एक ऐसा एप्लिकेशन है जो हैंडहेल्ड कैलकुलेटर के समान कार्य करता है।

सत्य

बी] झूठा

प्रश्न 27. .... को स्पाई वेयर को रोकने और हटाने के लिए डिज़ाइन किया गया है।

ए] उपयोगकर्ता खाता नियंत्रण

बी] विंडोज फ़ायरवॉल

सी] विंडोजडिफेंडर

डी] माता-पिता का नियंत्रण

प्रश्न 28. क्लिपबोर्ड विंडोज विस्टा प्रोग्राम में उपलब्ध नहीं है।

सत्य

बी] झूठा

प्रश्न 29. "विंडोज एयरो" क्या है

ए] यह विंडोज एक्सपी के लिए ग्राफिकल यूजर इंटरफेस है।

बी] यहविंडोजविस्टाकेलिएग्राफिकलयूजरइंटरफेसहै।

सी] आवेदन कार्यक्रम

डी] इनमें से कोई नहीं

प्रश्न 30. कंप्यूटर का मूल प्रोग्राम कौन सा है?

ए] ऑपरेटिंगसिस्टम

बी] सॉफ्टवेयर प्रोग्राम

सी] आवेदन कार्यक्रम

डी] इनमें से कोई नहीं

प्रश्न 1. नेटस्केप नेविगेटर एक प्रकार का ....

ए] उपयोगिता कार्यक्रम।

बी] ऑपरेटिंग सिस्टम।

सी] ब्राउज़र।

डी] वेब संलेखन कार्यक्रम।

प्रश्न 2. जब आप "http://www.mkcl.org" जैसा पता टाइप करते हैं, तो इसमें .org इंगित करता है।

ए] मूलवेबसाइट।

बी] वाणिज्यिक वेब साइट।

सी] संगठनात्मक वेब साइट।

डी] शैक्षिक वेब साइट।

प्रश्न 3. आप .... और .... का उपयोग करके किसी विशिष्ट विषय के लिए वर्ल्ड वाइड वेब पर खोज कर सकते हैं।

ए] गोफर, फिडो।

बी] स्कैनर, सर्च इंजन।

सी] सर्चइंजन, इंडेक्स।

डी ब्राउज़र्स, लार्कर्स।

प्रश्न 4. एक। इंटरनेट पर सूचना और संदेश कैसे भेजे जाते हैं, इसके लिए .... नियमों का एक समूह है।

ए] प्रोटोकॉल।

बी] आईएसपी।

सी] एप्लेट।

डी] एचटीएमएल हाइपर टेक्स्ट मार्कअप लैंग्वेज।

प्रश्न 5. विशिष्ट विषय के बारे में इंटरनेट पर चर्चा के रूप में जाना जाता है

एक ख़बर।

बी] समाचारसमूह।

सी] वेरोनिका।

डी] टेलनेट।

प्रश्न 6. निम्न में से कौन सा प्रोटोकॉल का एक प्रकार नहीं है?

ए] टीसीआई/आईपी

बी] ASCII

सी] इनमें से कोई नहीं।

डी] पीपीपी

प्रश्न 7. निम्न में से कौन सा प्रोटोकॉल का एक प्रकार है?

ए] ASCII

बी] राम

सी] टीसीआई/आईपी

डी] डीबीए

प्रश्न 8. ई-मेल संदेश के तीन भाग हैं:

ए] टीसीपी/आईपी, डोमेन और आईएसपी।

बी] गंतव्य, डिवाइस और प्रेषक।

सी] हैडर, संदेशऔरहस्ताक्षर।

डी] टीसीपी, आईपी और संदेश।

प्र.9. पूरी दुनिया में कई कंप्यूटरों को जोड़ने वाला नेटवर्क है?

ए] इंट्रानेट।

बी] इंटरनेट।

सी] अर्पानेट।

डी] नेटवर्क।

प्र.10. निम्न में से कौन एक ब्राउज़र है।

एक वेबसाइट।

बी] माइक्रोसॉफ्ट।

सी] इंटरनेटएक्सप्लोरर।

डी] www.

प्रश्न 11. DNS शब्द का अर्थ है।

ए] डेटा नामकरण प्रणाली।

बी] डू नेम सिस्टम।

सी] डोमेननामप्रणाली।

डी] डुप्लीकेट नाम प्रणाली।

प्रश्न 12. प्रत्येक उपयोगकर्ता के लिए इंटरनेट ई-मेल पता .... है।

ए] अद्वितीय।

बी] वही।

सी] आम।

डी] इनमें से कोई नहीं।

प्रश्न 13. किसी भी वेबसाइट को नेविगेट करने के लिए, उपयोगकर्ता को दर्ज करना होगा

ए] यूआरएल।

बी] www.

सी] पीपीपी।

डी] इनमें से कोई नहीं।

प्रश्न 14. ई-कॉमर्स का फुल फॉर्म क्या है?

ए] अंग्रेजी वाणिज्य।

बी] इलेक्ट्रॉनिकवाणिज्य।

सी] इलेक्ट्रिक कॉमर्स।

डी] तत्व वाणिज्य।

प्र.15. किसी ऐसे व्यक्ति को ई-मेल भेजने के लिए जिसकी आपको आवश्यकता है ....

ए] निवासी पता।

बी] इंटरनेटकनेक्टिविटी।

सी] फैक्स पता।

डी] इनमें से कोई नहीं।

प्रश्न 16. वेब पेज देखने के लिए .... का उपयोग किया जाता है।

ए] इनबॉक्स।

बी] रीसायकल बिन।

सी] इंटरनेटएक्सप्लोरर।

डी] नेटवर्क पड़ोस।

प्रश्न 17. यूआरएल का फुल फॉर्म

ए] यूनिवर्सल रिसोर्स लोकेटर।

बी] यूनिफ़ॉर्मरिसोर्सलोकेटर।

सी] यूनी रिसोर्स लोकेटर।

डी] इनमें से कोई नहीं।

प्रश्न 18. मोडेम सीडी से डेटा को हार्ड डिस्क में बदलता है।

सत्य।

बी] झूठा।

प्र.19. निम्न में से कौन एक सर्च इंजन है।

ए] गूगल।

बी] अल्टा विस्टा।

सी] याहू।

डी] <u>येसभी।</u>

प्र.20. ई-कॉमर्स से क्या तात्पर्य है?

ए] <u>ऑनलाइनबिक्री, खरीद, खाताप्रबंधनआदि।</u>

बी] विषय वाणिज्य धारा।

सी] वाणिज्यिक समस्या से निपटने के लिए इलेक्ट्रॉनिक उपकरण।

D। उपरोक्त सभी।

प्रश्न 21. . एक्सटेंशन .gov, .edu, .mil, और .net कहलाते हैं।

ए] डीएनएस।

बी] ई-मेल लक्ष्य।

सी] <u>डोमेनकोड।</u>

डी] पते पर मेल करें।

प्रश्न 22. वेब स्पाइडर और क्रॉलर इसके उदाहरण हैं

ए] ब्राउज़र।

बी] <u>खोजइंजन।</u>

सी] एचटीएमएल प्रोग्राम।

डी] लपटें।

प्रश्न 23. एक यूआरएल क्या है?

ए] वर्ल्ड वाइड वेब को क्रूज करने के लिए इस्तेमाल किया जाने वाला एक सॉफ्टवेयर पैकेज..

बी] <u>वर्ल्डवाइडवेबपरएकसंसाधनकापता।</u>

सी] एक आंतरिक विज़ार्ड का वर्णन करने के लिए इस्तेमाल की जाने वाली शर्तें।

डी] एक लाइव चैट प्रोग्राम [असीमित वास्तविक समय भाषा।

प्रश्न 24. संक्षिप्त नाम "www।" के लिए खड़ा है।

ए] <u>वर्ल्डवाइडवेब।</u>

बी] वाइड वाइड वेब।

सी] विश्व चौड़ाई वेब।

डी] वेब के साथ दुनिया।

प्र.25. वेबसाइट जो उपयोगकर्ता को कीवर्ड पर डेटा खोजने की अनुमति देती है वह है:

ए] चैट इंजन।

बी] राउटर।

सी] वेब सर्वर।

डी] <u>खोजइंजन।</u>

प्रश्न 26. निम्नलिखित में से कौन सा वेब सर्च इंजन दुनिया भर में उपयोग किया जाता है?

ए] डोमेन।

बी] गूगल।

सी] टॉगल करें।

डी] इनमें से कोई नहीं।

प्रश्न 27. जब आप किसी विषय को खोजने के लिए a(n) .... का उपयोग करते हैं, तो आपके द्वारा खोजी जाने वाली जानकारी को संरचना जैसे डेटाबेस में व्यवस्थित किया जाता है।

ए] सर्चइंजन।

बी] सूचकांक।

सी] मकड़ी।

डी] एप्लेट।

प्रश्न 28. निम्नलिखित में से कौन सा सिस्टम इलेक्ट्रॉनिक पत्र या संदेश व्यक्तियों या कंप्यूटरों के बीच भेजा जाता है।

ए] ई-मेल।

बी] ऑनलाइन सेवा।

सी] संसाधन साझा करें।

डी] वॉयस मेल मैसेजिंग।

प्रश्न 29. पसंदीदा सूची में वर्तमान वेब जोड़ने के लिए।

ए] "पसंदीदा - पसंदीदामेंजोड़ें" परक्लिककरें।

बी] "जोड़ें - पसंदीदा" पर क्लिक करें।

सी] "फ़ाइल - पसंदीदा" पर क्लिक करें।

डी] ये सभी।

प्रश्न 30. वेब के चारों ओर एक साइट से दूसरी साइट पर जाने को .... के रूप में जाना जाता है।

ए] लिंकिंग।

बी] नेविगेटकरना।

सी] होपिंग।

डी] पेजिंग।

प्रश्न 31. एक प्रोटोकॉल दो या दो से अधिक कंप्यूटरों के बीच सूचना प्रसारित करने के नियमों को परिभाषित करता है।

ए] सच।

बी] झूठा।

प्रश्न 32. इंटरनेट पर भेजी जाने वाली सूचनाओं को छोटे-छोटे टुकड़ों में बाँटा जाता है जिन्हें कहा जाता है।

ए] पैकेट।

बी] पीपीपी।

सी] ई-मेल फॉर्म।

डी] संदेश।

प्रश्न 33। PPP और SLIP जैसे प्रोटोकॉल के लिए उपयोग किया जाता है।

ए] डेटाट्रांसफर।

बी] डायलअप इंटरनेट कनेक्शन।

सी] डोमेन पंजीकरण।

डी] इनमें से कोई नहीं।

प्रश्न 34. .com .... प्रकार के संगठन की वेबसाइटों को इंगित करता है।

ए] वाणिज्यिक।

बी कॉम्पलेक्स।

सी] कंपनी।

डी] कार्गो।

प्रश्न 35. इंटरनेट पर किसी अन्य व्यक्ति के मेलबॉक्स में संदेश भेजना है

ए] ई-बिजनेस।

बी] ई-पत्र।

सी] ई-मेल।

डी] साइबर माली।

www.ingramcontent.com/pod-product-compliance
Ingram Content Group UK Ltd.
Pitfield, Milton Keynes, MK11 3LW, UK
UKHW021913190726
13853UKWH00002B/654

9 798888 6948